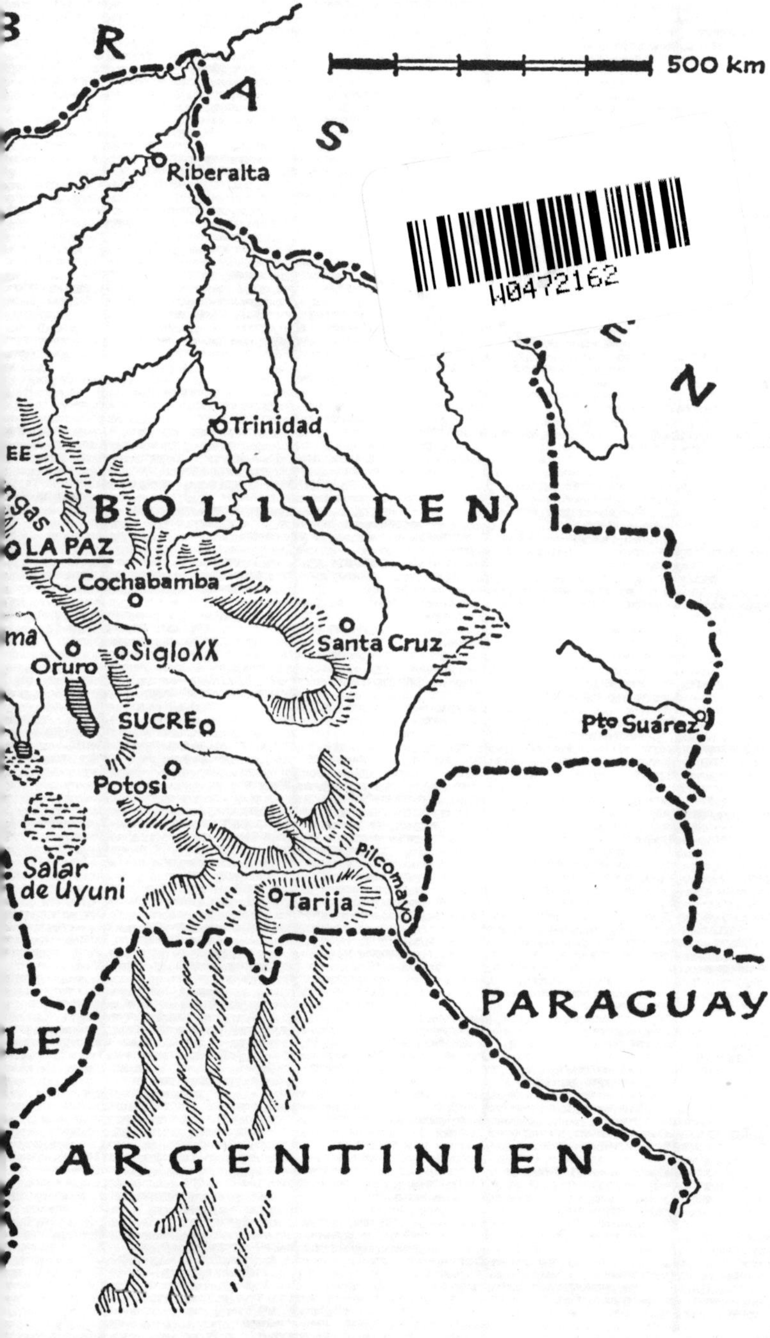
500 km
Riberalta
Trinidad
BOLIVIEN
LA PAZ
Cochabamba
Oruro
Siglo XX
Santa Cruz
SUCRE
Potosi
Salar de Uyuni
Tarija
Pilcomayo
Pto Suárez
PARAGUAY
ARGENTINIEN

pfeiffer

Ludwig Gruber

Ich denke an Bolivien

Begegnungen mit der Welt der Aymara-Indianer

Verlag J. Pfeiffer · München

CIP-Titelaufnahme der Deutschen Bibliothek

Gruber, Ludwig:
Ich denke an Bolivien: Begegnungen mit d. Welt d. Aymara-Indianer / Ludwig Gruber. –
München: Pfeiffer, 1988
ISBN 3-7904-0525-6

Printed in Germany
Gesamtherstellung: Manz AG, Dillingen
Umschlagentwurf: Siegbert Seitz
Fotos: Ludwig Gruber

ISBN 3-7904-0525-6

Inhalt

Für meine jüngste Tochter
Barbara,
die Bolivien
nur aus Erzählungen kennt

Wie fast alle Völker Südamerikas sprechen wir Spanisch. Aber unsere Vorfahren hatten ihre eigenen Sprachen. Die zwei wichtigsten waren Quechua und Aymara. Diese beiden Sprachen werden heutzutage noch von einem großen Teil der Landbevölkerung, den Campesinos, und vielen Bergleuten, den Mineros, in Bolivien gesprochen. Auch in der Stadt ist viel von diesen beiden Sprachen erhalten, besonders in Cochabamba und Potosí, wo man viel Quechua spricht, und in La Paz, wo man viel Aymara spricht. Außerdem ist noch viel von diesen beiden Kulturen lebendig, wie zum Beispiel Webkunst, ihre Tänze und ihre Musik, die heutzutage sogar im Ausland viel Aufmerksamkeit erregen. Ich bin stolz darauf, daß Indio-Blut in meinem Herzen fließt. Und ich bin auch stolz darauf, die Frau eines Minenarbeiters zu sein. Wie wünschte ich mir, daß alle Leute des Volkes stolz auf das wären, was sie sind, was sie haben, auf ihre Kultur, ihre Sprache, ihre Musik, ihre Art zu sein; daß sie sich dagegen wehrten, immer mehr überfremdet zu werden, daß sie aufhörten, andere Leute nachzuahmen, die letzten Endes unserer Gesellschaft wenig Gutes gebracht haben!

Domitila Barrios de Chungara
aus »Wenn man mir erlaubt zu sprechen . . .«

Vorwort

»Aymara«, der Name des ältesten Stammes der andinen Hochlandindianer, heißt übersetzt: Von Beginn an eingegliedert. Aus dem gleichen Wortstamm kommt *»Ayllu«* und bedeutet: Sich zusammen eingliedern. Stammesname und die Bezeichnung für die dörfliche Lebensgemeinschaft, *ayllu*, bilden zusammen so etwas wie ein ehernes Gesetz der indianischen Welt: Eingliederung in Gemeinschaft, und dies seit Anbeginn der Menschheit.

Der Fremde, der sich dieser Welt nähert, kann sie niemals ganz erfassen. Stückwerk bleibt auch seine Beschreibung. So sind auch die dreizehn »Bilder« dieses Buches Fragmente, Ausschnitte, Momentaufnahmen. Sie sind entstanden nach Reisen in Bolivien, nach Begegnungen – beruflichen und privaten – mit indianischen Menschen. Ausschnitte sind es allein schon deshalb, weil sich die »Bilder« an nur zwei Bolivienaufenthalte knüpfen: in den Jahren von 1970 bis 1972 und dann wieder im Jahr 1985. Dieser Zeitabstand ermöglicht aber auch interessante Vergleiche. Soweit es für das bessere Verständnis des Erzählten notwendig ist, sind Jahreszahlen angegeben.

Augenfällig sind in diesen fünfzehn Jahren zwei Entwicklungen. Zum einen ist nicht nur in Bolivien, sondern auf dem gesamten lateinamerikanischen Kontinent das indianische Bewußtsein stark gewachsen. Dieser Vorgang läuft parallel zu einem Bewußtwerdungsprozeß in Afrika, wie in der »Black-Consciousness-Bewegung« sichtbar wird. An dieser Entwicklung sind die Kirchen Lateinamerikas und Afrikas heute wesentlich beteiligt. Sie haben sich in den letzten zwanzig Jahren zunehmend den Armen zugewendet, sie aus der Rolle der stummen Dulder herausgeführt und ihnen ein neues Selbstwertgefühl vermittelt. Das hat uralte indianische Gemeinschaften mit neuem Leben und neuer Kraft erfüllt. Damit beginnt vor allem die katholische Kirche – bewußt oder unbewußt – den gigantischen Berg der Schuld abzutragen, den

sie durch die unselige, fast fünfhundertjährige Ehe mit der Macht der spanischen Krone und der späteren Herrscher Lateinamerikas angehäuft hat.
Zum anderen haben sich Wirtschaft und Politik Boliviens während dieser Jahre sehr zuungunsten vor allem der indianischen Bevölkerungsmehrheit verändert. Eine korrupte Oberschicht im Lande selbst hat im Verein mit nordamerikanischen und europäischen Konzernen, Rauschgifthändlern und Politikern das an Bodenschätzen ehemals reichste Land Südamerikas in einen Abgrund gestürzt, aus dem es keinen Ausweg zu geben scheint. Das Land ist – wie in zunehmendem Umfang andere Länder auch – buchstäblich zu Tode gewirtschaftet. Dies trifft die ohnehin Armen am härtesten.
In diesem Spannungsbogen von neuem Bewußtsein und wirtschaftlichem Desaster sind meine »Bilder« angesiedelt.
Probleme macht die Bezeichnung »Indianer«. Sie führt meist auf falsche Fährten. Die Benennung »Indios« aber wollte ich auf keinen Fall verwenden. »Indio« wird von den Ureinwohnern Süd- und Mittelamerikas als Schimpfwort empfunden, weil es von den Konquistadoren auch als solches verwendet wurde. Richtig wäre *»Runa«*. So bezeichnen sie sich selbst. Das bedeutet »Mensch«. Doch dieses Wort hätte so viele sprachliche Probleme geschaffen, daß ich doch den Kompromiß »Indianer« gewählt habe. Im Text verwendete indianische Worte sind *kursiv* gesetzt.
Es bleibt mir zu danken. Dank bin ich vor allem den Runa selbst schuldig, seien sie nun Campesinos, Mineros oder Bewohner von Stadtrandgebieten. Sie haben mich und mein Leben verändert. Sie haben viel zu meinem eigenen Runa-Werden beigetragen.
Ich habe auch jenen zu danken, die mir durch ihre literarische Arbeit viele Zusammenhänge erschlossen haben: Domitila Barrios de Chungara durch ihr Zeugnis »Wenn man mir erlaubt zu sprechen . . .«; Jorge Miranda Luizaga durch sein Buch »Das Sonnentor«; Ted Poole durch einen Beitrag im Buch »Begegnung zweier Kulturen – Indianer und Weiße«;

Gregorio Iriarte durch sein Buch »Los Mineros«; José Ignacio López Vigil durch sein Buch »Una mina de coraje«; schließlich Alberto Guerra Gutierrez durch seinen Aufsatz »El Mito y el Carneval de Oruro«. Dank schulde ich Renate Mayer für ihre sprachliche Mitarbeit.

Durch politische Entscheidungen im Lande selbst und durch weltwirtschaftliche Verflechtungen, insbesondere durch den Verfall des Zinnpreises auf dem Weltmarkt im Oktober 1985, hat sich die politische Landschaft Boliviens in den zurückliegenden zwanzig Monaten rasant verändert. Wollte ich dieser Entwicklung gerecht werden, hätte ich fast täglich neue »Bilder« aufnehmen müssen. Ich bin daher dankbar, daß mir MISEREOR das Kalendarium zur Verfügung gestellt hat, das ich als Nachwort meinen Beschreibungen anfüge.

Ich wünsche mir, daß dieses Buch zur Versöhnung und zur Annäherung indianischen und europäischen Denkens und Handelns beitragen möge. Wir Europäer, die wir zutiefst in der Krise des von uns eingeschlagenen Weges stecken, den wir Fortschritt nennen, brauchen dringend Spiritualität, wie sie von den Indianern gelebt wird. Und die Indianer sind umgekehrt auf unsere Solidarität im Kampf um den Freiraum angewiesen, der für ihre selbstgestaltete und selbstverantwortete Entwicklung unabdingbar ist.

Bad Aibling, Ostersonntag 1987
Ludwig Gruber

La Paz

Zartes Silberlicht legt der Vollmond auf die Berge der Cordillera Real. Ich kenne seit langem ihre majestätischen Gestalten und ihre Namen sind mir vertraut: Ancohuma, Condoriri, Huayna Potosí, Chacaltaya, Cala Oyu, Cerro Charquini. Der Jumbo gleitet im Anflug auf La Paz an ihnen vorbei. Aufregend ist dieses Wiedersehen nach so langer Zeit. Fünfzehn Jahre sind vergangen, seit ich zum ersten Mal an einem strahlenden Morgen mit meiner Familie hier ankam. Jetzt landet die Lufthansa-Boeing in der Nacht am »El Alto«. »Der Hohe« – zu Recht nennt sich dieser Flugplatz so. Exakt müßte er sich ja »El Altísimo« nennen, denn nirgends sonst läuft ihm einer den Rang ab, wahrlich der Höchste zu sein. Es ist schwierig für einen Piloten, so einen Riesenvogel in der dünnen Luft dieser extremen Höhe zu landen – 4100 Meter über dem Meer. Unsanft ist deshalb auch die Berührung von Fahrgestell und Landebahn.

Wir sind in La Paz. Alles ist extrem an dieser Stadt. Ohne Superlative ist ihr nicht beizukommen: höchste Millionenstadt, längste Landebahn, größter Höhenunterschied innerhalb der Stadt, steilste Straßen, die meisten Revolutionen ... jeweils auf dieser Welt. Die erste Begegnung mit Bolivien ist immer extrem, entweder extrem heiß oder extrem hoch.

Wir werden von einem kanadischen Oblatenpater am Flughafen abgeholt. Das Verstauen des Gepäcks ist uns bei der dünnen und trockenen Luft sehr beschwerlich. Überanstrengung kann rasch die gefürchtete Soroche, die Höhenkrankheit, auslösen. Sie kann für einen an eine feuchte und schwere Atmosphäre gewöhnten Europäer tödlich ausgehen.

Das Stadtviertel El Alto ist um diese Zeit – es ist vier Uhr früh – noch menschenleer. Das fahle Mondlicht läßt die Lehmhäuser mit den silbrig schimmernden Wellblechdächern geisterhaft erscheinen. Der El Alto ist von Indianern, meist Aymara, bewohnt. Sechzig Prozent aller Menschen der Stadt sind indianischen Ursprungs. Ein weiterer Superlativ im Vergleich zur übrigen Welt. In zwei Stunden wird hier alles wach und voller Leben sein. Alles drängt dann zu den Verkehrsmitteln, um hinunter ins Zentrum oder in die übrigen Teile des Landes zu kommen. Der El Alto hat Drehscheibenfunktion. Alle Wege laufen hier zusammen: auf der Schiene, auf der Straße, aus der Luft. Nur aus den Yungas, den tiefen tropischen Tälern am Ostabfall der Anden, führt eine Straße aus anderer Richtung nach La Paz. Der El Alto gestattet der Stadt, noch zu wachsen. 300 000 Menschen haben in den letzten zehn Jahren auf der Flucht vor dem Leben auf dem Land hier ihre Bleibe gefunden.

Unweit von hier, in Laja, wo die Spanier einst eine große Kirche auf dem Silber-Transportweg zwischen Lima und Potosí bauten – aus Dank für die geglückte Eroberung dieses Landes –, sollte auch eine größere Stadt entstehen. Doch der eisige Wind, der zur Winterszeit über den Altiplano hinwegfegt, vertrieb die Siedler in einen nahegelegenen Kessel, der Windschutz versprach. Außerdem hatte es in diesem riesigen Becken schon eine Siedlung der Aymara am Choqueyapu, dem Goldfluß, gegeben. Hier liegt das heutige La Paz.

Wer sich erstmals diesem weiten Kessel nähert, dem stockt schier der Atem. Der Altiplano bricht ohne Übergang ab in eine riesige Mulde, die durch Jahrtausende vom Wasser ausgespült wurde und sich immer noch weiter vergrößert. Heftige Regengüsse lassen oft ganze Häuserzeilen verschwinden – nicht nur an ihrem Rand, sondern auch mitten in der Stadt. Das Becken erreicht eine Tiefe von 900 Metern und ist bis zur tiefsten Stelle bewohnt. Ganz unten wohnen die Reichsten.

Die Umgebung der Stadt gleicht einer wildzerklüfteten Mondlandschaft, die am Tage in vielen Farben ocker, rotbraun, lila und lindgrün schillert. Die Stadt hat zu jeder Stunde des Tages ein anderes Gesicht. Heute nacht taucht der über dem Illimani hängende Mond die ganze Szenerie in mattes Licht und läßt so die Konturen nur in groben Zügen

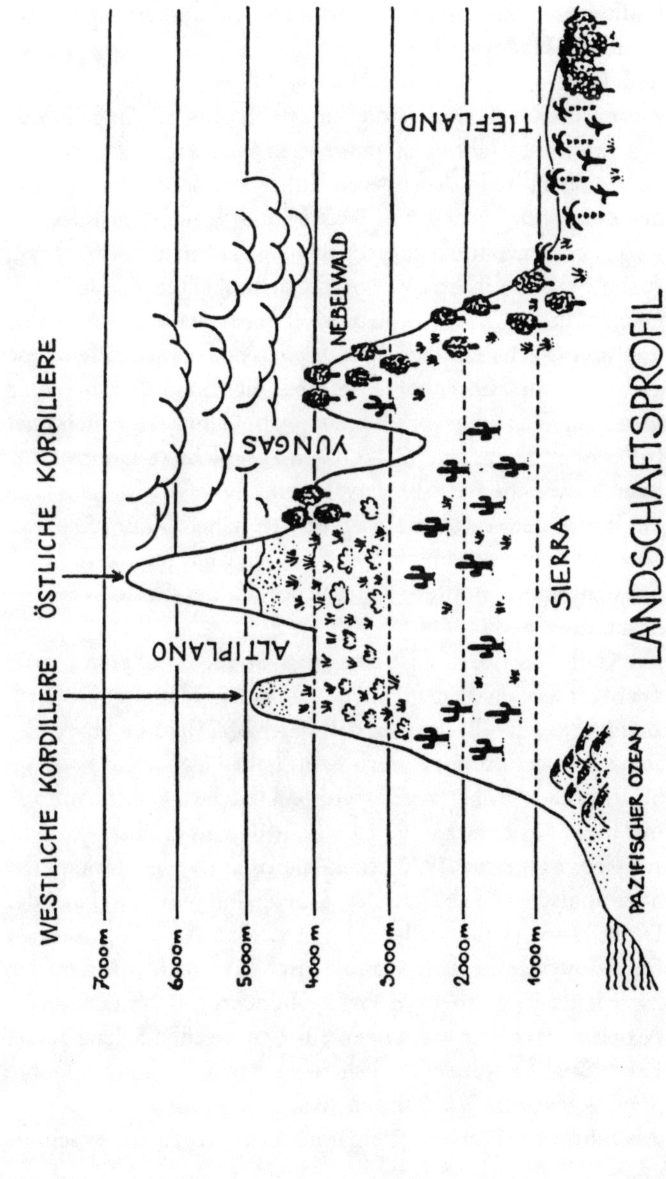
WESTLICHE KORDILLERE
ÖSTLICHE KORDILLERE
7000m
6000m
5000m
4000m
3000m
2000m
1000m
ALTIPLANO
YUNGAS
NEBELWALD
TIEFLAND
SIERRA
PAZIFISCHER OZEAN
LANDSCHAFTSPROFIL

erahnen. Als wir jetzt hinunterfahren in diese außergewöhnliche Stadt, ist uns, als würden wir in ein riesiges Nest voller Glühwürmchen tauchen. Die Lichter schimmern hinauf bis an steilste Hänge und Grate und bis hinunter in letzte Gräben und Täler.
Zu mächtigen Bäumen sind die Eukalyptus-Setzlinge in den fast zwanzig Jahren herangewachsen, seit man sie mit deutscher Hilfe in den oberen Zonen der Stadt pflanzte, um der Zerstörungsarbeit von Wasser und Wind wenigstens ein wenig entgegenzuwirken. Früher stürzte man förmlich auf steiler Straße hinunter zur Stadt, heute gleiten wir auf einer neuen Autobahn sanft hinab. 6000 Pesos Maut werden dafür Tag und Nacht erhoben, was umgerechnet sechs Pfennigen gleichkommt. Offenbar kommen die Behörden bei dem schnellen Währungsverfall nicht nach, Gebühren laufend der Inflation anzupassen. Wir müssen auf die linke Doppelfahrbahn ausweichen, da die gewaltigen Regenfälle im Jahr 1983 die Hälfte der Autobahn weggerissen haben. »Zum Reparieren«, so meint der uns fahrende Pater, »hat man kein Geld. Es wird zum Stopfen der Löcher in der Staatskasse gebraucht.«
Die Calle Costitución ist eine steile Straße im oberen Drittel der Stadt. Hier halten wir am bescheidenen Haus der Oblaten. Beim Betreten fällt mir ein, daß Pater Mauricio Lefebvre hier seine letzten Stunden verbracht haben soll, ehe er beim Staatsstreich 1971 ermordet wurde. Und diese Geschichte will mir nicht aus dem Kopf, seit ich sie damals erlebte.
Als ich Mauricio 1970 kennenlernte, war er Dekan der Soziologischen Fakultät der Universität von La Paz, der U. M. S. A. (Universidad Mayor de San Andrés). In dieser Funktion war er dem Genossenschaftsprojekt, in dem ich zwei Jahre lang arbeitete, eng verbunden. Er gab uns für die Arbeit wertvolle Anregungen aus dem reichen Schatz seiner Erfahrung. Es war sein herzliches Lachen, das mich spontan für ihn gewann. Wir wurden schnell Freunde.
Als führender Universitätsmann war er wegen seines scharf-

sinnigen Denkens und seiner analytischen Begabung von den Obristen in Politik und Wirtschaft gefürchtet. Als Oblate und Priester war er besessen vom Auftrag, den »neuen Himmel und die neue Erde« nicht erst im Jenseits zu suchen. Er vertröstete nicht, er packte an. Er kämpfte mit Leidenschaft für ein Weiterleben *vor* dem Tod. Bauern, Bergarbeitern, Studenten, Industriearbeitern und den eigenen Ordensleuten öffnete er die Augen für gesellschaftliche und wirtschaftliche Zusammenhänge. Als Priester unter den Mineros ging er mit ihnen den Weg einer Theologie der Befreiung, noch ehe sie irgendwo so benannt worden war. Das trug ihm den Ruf ein, Kommunist zu sein. Seine warme Menschlichkeit brachte seine Gegner noch mehr gegen ihn auf. Es galt als »verdächtig«, zu seinen Freunden zu zählen.

Am 21. August 1971 wollte ich mit zwei befreundeten Priestern aus München, Erwin und Gilbert, von den Yungas her kommend, nach La Paz zurückfahren. Doch der Zugang zur Stadt war versperrt. Die Schranke bei Villa Fatima war abgeriegelt und quer über die Straße lagen dicke Stämme frisch gefällter Eukalyptusbäume. Nur widerwillig öffnete uns der Wärter den Schlagbaum, damit wir in einem nahen Hof unser Fahrzeug abstellen konnten. Trotz der Warnung der Leute gingen wir mit dem nötigsten Gepäck zu Fuß weiter hinunter zu den ersten Häusern der Stadt. Im Colegio Ave Maria, am Stadtrand im Viertel Villa Fatima gelegen, hofften wir, Asyl zu bekommen und die Familie telefonisch verständigen zu können. Wir mußten viele der gefällten Bäume überklettern, die als Straßensperren auf der Fahrbahn lagen. Im Eukalyptuswäldchen vernahmen wir aus der nahen Stadt erste Maschinengewehrsalven. La Paz war wieder einmal in bürgerkriegsähnliche Wirren gesunken.

Bereits im Frühjahr war der amtierende Staatspräsident, General Juan José Torres, zunehmend unter den Druck der extremen politischen Linken geraten. Unter der Führung von Juan Lechín Oquendo, dem legendären Gewerkschaftsboß, mußte er die »Asamblea Popular«, eine pseudoparlamentarische Volksversammlung, einrichten. Diese sollte zunächst gegenüber dem Staatsoberhaupt die Stimme des Volkes darstellen. Dieses Volk war von allen Präsidenten seit der großen Revolution 1952 durch Versprechungen und leeres Gerede immer wieder verraten und verkauft worden. Doch die Asamblea Popular schraubte ihre Forderungen an den Präsidenten ins Unermeßliche: die Errichtung von Volksmilizen und Volksgerichtshöfen, die umgehende Neuverteilung des Einkommens und die Verstaatlichung der Großbetriebe. Diese Forderungen waren zudem ultimativ gestellt worden. Sie waren im Grunde – nach den Erfahrungen, die die ausgebeuteten Massen des Landes schon zu oft gemacht hatten – mehr als verständlich. Doch sie riefen die Putschisten um Oberst Hugo Banzer auf den Plan.

Banzer bereitete von Argentinien aus, wohin er nach seiner Ausweisung wegen umstürzlerischer Umtriebe gegangen war, seine Rückkehr vor. Er war im Juni und Juli heimlich zweimal in Santa Cruz gewesen, um Einzelheiten des Putsches zu planen. Als Datum war der 3. September dieses Jahres 1971 festgelegt worden. Unterstützt wurde Banzer dabei besonders von der deutschen Kolonie. Die Deutschen, die trotz ihrer bolivianischen Staatsbürgerschaft eigentlich immer Ausländer in diesem Land geblieben sind, haben so wahrlich blutige Geschichte mitgeschrieben. Zur deutschen Kolonie gehören viele der reichsten Kaufleute, Viehzüchter, Farmer und Industriellen Boliviens. Ihr Interesse gilt ausschließlich der Entwicklung ihres eigenen Unternehmens, nicht der dieses Landes. Politisch sonst abstinent, werden sie stets dann aktiv, wenn ihre finanziellen Interessen in Gefahr geraten.

So übernahm beispielsweise die Familie Gasser, Besitzer der Zuckerfabriken »La Belgica« im Osten des Landes, die Aufgabe der Koordinierung der Putschhilfe aller Deutschstämmigen. Bei einem Interview, das damals im Bayerischen Rundfunk gesendet wurde, sagte Gasser dazu nach dem Putsch: »Die deutsche Kolonie in La Paz hat ganz zweifellos der heutigen Regierung Banzer im Untergrund geholfen, moralisch, und indem sie sich tätig dafür einsetzte. Was man tun konnte, war Geld zu sammeln, Gewehre kaufen und kleine Maschinengewehre, Herrn Banzer und einige große Politiker in ihrem Haus zu verstecken, damit die Polizei ihn nicht erwischen konnte.«

Es ist interessant, dies aus dem Mund von Leuten zu hören, die sonst als Verfechter der Gewaltfreiheit auftreten. Einige Zeit später erfuhr die Öffentlichkeit von der führenden Rolle, die die gleiche Familie im internationalen Kokaingeschäft spielt.

An strategischen Einzelheiten für den Umsturz war folgendes geplant worden: Die Kadetten der Militärakademie in La Paz sollten die Waffendepots stürmen, die Truppen des Hauptquartiers Miraflores sollten das Präsidenten-Regiment »Colorados« in Schach halten, die 6. Division von Santa Cruz und die Garnisonen in Cochabamba und Oruro sollten stillhalten, die Rangers in Montero (Departement Santa Cruz) sollten alle unvorhergesehenen Widerstände brechen.

Dies alles lief nun tatsächlich so ab, während wir im Colegio Ave Maria bei Pater Miguel Unterschlupf gefunden hatten – nur einige Tage früher, als die Putschisten es geplant hatten. Die Kämpfe tobten sehr heftig. Vieles spielte sich nicht weit von hier ab, denn Miraflores liegt nahe bei Villa Fatima. Der strategisch wichtigste Punkt in der Stadt, der Hügel Laykakota, ist ebenfalls nicht weit von dort.

Die Nachrichten, die wir pausenlos über Radio Illimani hörten, waren verzweifelte Aufschreie von Menschen, die glaubten, sich gegen eine große, brutale Übermacht behaupten zu können. Gegen zwanzig Uhr kam die Nachricht vom Tode Mauricio Lefebvres. Sie traf mich tief ins Herz. Die tödlichen Schüsse auf Mauricio wurden abgegeben, als er, eine Rot-Kreuz-Fahne schwenkend, Verwundeten zu Hilfe kommen wollte. Es war nahe an der Universität, wo er drei Jahre lang im Sinne einer friedlichen, aber grundlegenden Lösung von Konflikten gelehrt hatte.

Kurz vor Mitternacht endeten die sich immer mehr überstürzenden Nachrichten mit den Worten: „Dies waren unsere letzten Meldungen. Viva la revolución! Viva Bolivia!« Dann waren aus der Sendezentrale für einige Zeit nur tumultartige Geräusche zu hören, bis endlich beklemmende Stille eintrat.

Den 191. Putsch hatte diese Stadt soeben erlebt, der die Spanier 1548 bei der Gründung den Namen »La Ciudad de Nuestra Senora de la Paz« (die Stadt unserer Herrin des Friedens) gegeben hatten. Geldgierige Eroberer und abenteuerlustige Einwanderer haben ihr durch die Jahrhunderte diesen Frieden bis heute immer wieder geraubt. Die traurige Bilanz dieses erneuten gewaltsamen Machtwechsels wies offiziell 200 Tote und 500 Verletzte aus, während inoffiziell von nahezu 1000 Toten die Rede war. Der Boden dieser Stadt ist, seit die Spanier das Christentum brachten, mit dem Blut unzähliger Opfer getränkt. Die meisten von ihnen sind Indianer, die entweder um ihre Rechte oder unter der Knute der Mächtigen kämpften.

Erst am 22. August, dem Tag der offiziellen Regierungsübernahme, konnte ich mit meiner Familie telefonisch Verbindung aufnehmen. Am Nachmittag war uns dann die Rückkehr in unser Haus in San Miguel möglich. Unser spanischstämmiger Nachbar hatte auf dem Dach seines Hauses ein Maschinengewehr aufgepflanzt gehabt, um sich, wie er sagte, gegen plündernde Mineros zu verteidigen. Ich hätte ihm dabei behilflich sein sollen. Wie gut, daß ich nicht zu Hause sein konnte. Ihm wäre in den Stunden seiner Angst um Hab und Gut und Leben nur schwer klarzumachen gewesen, daß ich mich als Ausländer nicht in die Auseinandersetzungen hätte einmischen können und wollen und daß ich auch diese seine Angst nicht geteilt hätte.

Die Beerdigung von Mauricio Lefebvre wurde – einen Tag nach der Machtergreifung durch Banzer – auf dem Zentralfriedhof von La Paz zu einer eindrucksvollen Demonstration gegen die neuen Herren des Landes. Zunächst hatten sie dem Erzbischof von La Paz, Jorge Manrique, das Verbot einer öffentlichen Beerdigungsfeier mitgeteilt. Doch das Volk selbst wider-setzte sich: Sitzend versperrte es den Zugang zum Friedhof und hinderte damit die Panzerfahrzeuge am Eingreifen. Studenten und Arbeiter trugen den schlichten Sarg auf ihren Schultern zum Grab. Die unzähligen Freunde standen trauernd und stumm. Eine knisternde Spannung lag über der Menge. Plötzlich begannen einige zu singen, und viele stimmten ein in das Lied:

»Donde cayó Mauricio se alza una cruz,
pero no de tristeza sino de luz . . .«
(»Dort, wo Mauricio fiel, ist ein Kreuz aufgericht',
doch keines aus Trauer, sondern eines aus Licht . . .«)

An seiner Gruft brachte man in einfachen Lettern die Inschrift an:

P. MAURICIO – MARTIR DE LA LIBERACION.

Ich muß mich wohl in dieser Stunde am offenen Grab des gütigen Freundes sehr verändert haben. Mauricio, ein glühender Künder der Botschaft des HERRN, war als Wehrloser sinnlos niedergeschossen worden. Panzer, aufgeboten von einer Horde Gewalttätiger, die sich zur Errichtung ihrer radikal-faschistischen Herrschaft auf christliche Traditionen beriefen (wie Faschisten das meistens tun), verfolgten ihn bis an sein Grab. Seither traue ich blindwütigen Antikommunisten nicht mehr über den Weg.

Felicia

La Paz, Anfang Mai 1985. Die breite Straße oberhalb von San Francisco, die sich als Verlängerung der »16 de Julio« und des »Prado« wie eine Hauptschlagader durch diese eigenwillige Millionenstadt zieht, scheint vor Leben überzufließen. Es ist früher Vormittag. Aus einem wolkenlosen Himmel taucht die Herbstsonne das bunte Treiben in gleißendes Licht. Es durchflutet selbst den lichtblauen Dunst der Abgase, ausgestoßen von unzähligen, laut hupenden Autos, von Colectivos, den Groß- und Kleinbussen, die – übervoll – immer noch weitere Fahrgäste schlucken, von Taxis, die längst zum alten Eisen gehören sollten, von geschickt in Lücken schlüpfenden Mopeds und von zum Bersten überladenen Lastkraftwagen. Einzelne Passanten und ganze Gruppen überqueren die Fahrbahn, Polizisten üben sich im Ordnungschaffen durch unüberhörbares Pfeifen und hektisches Gestikulieren, Taxis halten an, wo immer Fahrgäste dies wollen. Alles das erscheint für europäische Augen wie Chaos. Doch der Verkehrsfluß gleitet ohne Stocken dahin. Die Fahrbahn ist gesäumt von endlosen Schlangen auf öffentliche Verkehrsmittel wartender Menschen. Disziplin und Geduld sind den Wartenden anerzogen, durch Erfahrung ein Leben lang geübt – nicht nur auf den Straßen.

Vor wenigen Stunden sind wir hier in La Paz angekommen. Eigentlich wollten wir ausschlafen, uns langsam an die Höhe gewöhnen. Einer der Mitreisenden, Siegfried, hat sich an die Abmachung gehalten, der andere, Heiner, ist mit mir heruntergegangen von der Calle Constitución, mitten hinein ins Herz dieser Stadt. Es werden nicht nur die Abgase sein, die uns hier die Luft nehmen und das Atmen schwermachen. 3600 Meter über dem Meer liegt die Plaza de San Francisco, die wir inzwischen erreicht haben. Drei Monate braucht der menschliche Organismus, ehe sich das Verhältnis von weißen und roten Blutkörperchen so eingependelt hat, daß er mit dem

Sauerstoffmangel hier fertig werden kann. Doch soviel Zeit bleibt uns nicht, wir werden ihn durch langsamere Bewegungen ausgleichen müssen.
Ich nehme eine Skizze zur Hand, die mir meine Tochter Bernadette von einem Teil des Mercado San Francisco gemacht hat. Auf diesem Markt soll Felicia einen Saftstand haben. Felicia war zwei Jahre lang unser indianisches Hausmädchen, als wir von 1970 bis 1972 hier lebten. Ob wir sie finden können? Ob ich sie nach so langer Zeit erkennen werde? Ob sie mich erkennt? Bernadette hatte sie vor fast zwei Jahren besucht und sofort wiedererkannt.
Wir haben Mühe mit der Skizze, denn sie ist aus dem Gedächtnis gemacht und alles andere als maßstäblich. Die Kirche von San Francisco ist ein verläßlicher Orientierungspunkt. Sie ist so alt wie die Stadt, 1549 wurde mit dem Bau begonnen. Die reiche Fassade aus dem Kolonialbarock, wohl die prächtigste der Stadt, beherrscht die vor ihr liegende riesige Plaza. Nach dem grellen Licht, das durch die Höhe der Stadt alles weniger gefiltert trifft, läßt das dunkle Innere der Kirche unsere Augen angenehm ausruhen. Erst langsam erkennen wir einen kostbar vergoldeten Altar nach dem anderen, und wir haben Mühe, in dem dämmrigen Licht alle bunt gekleideten Altarheiligen zu identifizieren, trotz der Namensschilder. Vor ihnen verharren lange in ehrfürchtigem Gebet Indianer. Sie können zwar den Namen ihres Heiligen in den meisten Fällen nicht lesen, aber ihre Beziehung zu ihm ist sicher inniger und für ihr Leben mehr Stütze und Hilfe, als das für die meisten von uns noch erfahrbar ist.
Von der Kirche aus folgen wir einer in der Skizze beschriebenen Seitenstraße. Es umfängt uns der für indianische Märkte typische Geruch. Kochdüfte, der Geruch von Schaf- und Lamawolle und der Gestank von Abwässern und Abfällen aller Art mischen sich ineinander. Plötzlich stehen wir am Eingang zu einem überdachten Hof, in dem es dampft und klappert und duftet und der so überfüllt ist, daß man sich kaum weiterbewegen kann. Im Tor sitzen auf dem Boden

Indianerfrauen hinter großen und kleinen Obstpyramiden. Der so verengte Eingang wird zudem noch durch einen Marktstand blockiert, um den sich viele Käufer drängen. Mitten im Getümmel sehe ich Felicia hantieren, eine nicht mehr ganz weiße Schürze umgebunden und über ihrem breiten, indianischen Gesicht ein weißes Marktfrauenkäppchen im schwarzglänzenden, dichten Haar. Ja, sie ist es. Und es dauert nicht lange, da begegnet ihr Blick dem meinen. Sie läßt alles liegen und ruft mit der gleichen Stimme wie damals: „Caballero!« Und ich: »Felicia!« Wir drängen uns durch die Menge und umarmen uns herzlich. Vor lauter Überraschung verschlägt es uns beiden die Sprache. Spontan bietet sie uns ein volles Saftglas an. Die nach oben sich weitenden Gläser sind bis an den Rand mit goldbraunem Saft gefüllt. Am Glasboden liegt eine dunkle, runde Frucht.

Felicia hat sofort wieder alle Hände voll zu tun, um die zahlreichen Kunden zufriedenzustellen. Beim Probieren wird uns klar, warum an ihrem Stand so viele kaufen: Der Saft schmeckt köstlich. Das ist nicht überall so, obwohl das Grundprodukt stets das gleiche ist: getrocknete Pfirsiche, in reichlich Wasser gekocht. Aus einem Eimer füllt Felicia stets neue Gläser und bekommt dafür jeweils 5000 Pesos, das sind fünf Pfennige. Täglich schleppt sie zwei Zwanzig-Liter-Kanister zum Bus und bringt sie zum Markt. Sie muß früh aufstehen, um vorzubereiten, zu kochen und vom 4100 Meter hohen Stadtteil El Alto pünktlich um sieben Uhr auf dem Markt zu sein. Wenn nachmittags um drei Uhr die Markttore schließen, hat sie meist 160 Gläser Saft verkauft und acht Mark dafür eingenommen. Die Unkosten abgerechnet, bleiben ihr höchstens fünf Mark Tagesverdienst. Damit gehört sie mit 120 Mark Monatsverdienst zu den »privilegierten« Indianern. Sie hat als Selbständige die Freiheit, die Preisgestaltung ihres Produktes selbst zu bestimmen. Das ist wichtig in einer Zeit, da der bolivianische Peso bald stündlich verfällt und das Land haltlos im Staatsbankrott treibt. Leute mit festem Anstellungsverhältnis sind da schon unvergleichbar abhängiger.

Und doch: Wenn Felicias Saft um einen Pfennig teurer ist als anderswo, werden die Kunden am Nachbarstand kaufen.
Felicia ist, wie fast alle Indianer, gastfreundlich. Nachdem sie sich erkundigt hat, wie es meiner Familie geht, sind wir ganz hinten im Hof zu einem reichlichen Teller Hühnersuppe mit Kartoffeleinlage eingeladen. Felicia stellt mir ihren Mann vor. Auch er ist hier am Markt tätig.
Während ich genüßlich die warme Suppe löffle, tauchen Erinnerungen auf. Wir hatten Felicia damals durch die Vermittlung eines Kollegen kennengelernt und sie als Muchacha in unser Haus genommen. Sie entstammt einer Aymara-Familie, die vom Altiplano in die Yungas nach Irupana gezogen war, um dort in den tief eingeschnittenen tropischen Tälern am Nord-Ost-Abfall der Cordillera Real ein neues Leben zu beginnen. Die Eltern ermöglichten den Kindern eine gute Grund- und Hauptschulbildung, was keineswegs selbstverständlich ist. Kinder müssen üblicherweise nach der vierjährigen Grundschule bei der Feld- und Hausarbeit helfen und werden dann oft schon mit zwölf Jahren gegen Unterkunft, Nahrung und Kleidung an städtische Haushalte vermittelt, wo sie ohne weiteren Lohn den ganzen Tag über schwer arbeiten müssen.
Felicia hatte acht Jahre die Schule besucht und war 23 Jahre alt, als sie zu uns kam. Sie brachte bereits Erfahrung aus einem Ausländerhaushalt mit. Wir vereinbarten mit ihr neben freier Kost und Wohnung einen Lohn, der uns zwar noch immer als zu gering erschien, der jedoch das Dreifache von dem betrug, was Bolivianer bezahlten. Wir vereinbarten auch eine feste Arbeitszeit. In den Nachbarhäusern standen die Muchachas von sechs Uhr früh bis elf Uhr nachts in der Küche. Unsere Vereinbarungen, die Felicia besserstellten als die meisten ihrer Kolleginnen, nahm sie dankbar an. Um die üblichen »Tarife« nicht zu sehr zu überziehen und dadurch den Unmut der weißen Bolivianer vollends zu erregen, versuchten wir, ihr durch Sachleistungen einen weiteren Ausgleich für ihre Arbeit zu geben.

Felicia wohnte getrennt von uns in einem separat gebauten Häuschen im Garten. Dieses hatte der Besitzer unseres Hauses eigens für die Muchacha errichtet und war damit dem Beispiel seiner Nachbarn und Freunde gefolgt. Die Oberschicht des Landes oder Leute, die sich dafür halten, will nicht, daß Indianer mit ihr unter einem Dach leben und wohnen. Politiker leugnen zwar laut jede Rassendiskriminierung, doch ein bißchen inoffizielle Apartheid, sozusagen Rassentrennung ganz privat, gehört ganz selbstverständlich zum Alltag. Wir richteten deshalb Felicias Zimmer, so gut das ging, menschenwürdig ein. Für ihr Bett nahmen wir eine Matratze aus den Beständen des Hausbesitzers. Später sollte uns das teuer zu stehen kommen. Den 300-Dollar-Scheck, mit dem er uns die Mietkaution erstattete, ließ er nach unserer Abreise sperren. Wegen der Benützung durch die Indianerin hatte er die Matratze für entwürdigt gehalten. Wir bemerkten den finanziellen Verlust auf der Heimreise in Costa Rica. Wie hätte er sich wohl für die indianische »Entweihung« seines Bades gerächt, wenn wir sie ihm auf die Nase gebunden hätten?
Alles, was wir als durchschnittliche Mitteleuropäer unter sauber, ehrlich, pünktlich und zuverlässig verstehen, war Felicia. Unpünktlichkeit ist ohnehin keine Untugend der Indianer. Sie ist ein Importartikel der Spanier. Und Ehrlichkeit gehört zu den drei ehernen Regeln indianischer Moral. Statt der Zehn Gebote jüdisch-christlicher Ordnung faßt der Hochlandindianer das Grundgesetz für menschliches Zusammenleben nur in drei Regeln: Du sollst nicht stehlen, du sollst nicht lügen, du sollst nicht faulenzen. Keines dieser drei Gebote hat Felicia uns gegenüber je verletzt.
Einmal allerdings hatten wir wegen Felicia große Sorgen: Im Stadtteil Villa Fatima, dort, wo die Straße aus den Yungas in die Stadt mündet, bewohnte Felicia ein Zimmer, gleichsam als Kontaktstelle zu ihrer Familie. Hier halten die Lastwagen und Busse, die aus Chulumani, Irupana und Coroico in La Paz ankommen. In diesem Zimmer verbrachte Felicia das freie Wochenende von Samstag mittag bis Montag früh. Uns war

aufgefallen, daß sie seit einiger Zeit öfter als sonst um zusätzliche Freizeit gebeten hatte und daß ihr Bruder sie sehr oft bei uns besuchte. Er hatte durch einen Unfall seinen Lkw-Führerschein entzogen bekommen. Eines Montags kam Felicia erst gegen zehn Uhr, wirkte verstört und klagte über Übelkeit. Wir empfahlen ihr, sich hinzulegen. Wenig später hörten wir aus ihrem Zimmer über den kleinen Garten hinweg lautes Stöhnen und Jammern. Meine Frau sah nach und fand Felicia in einer großen Blutlache liegend. Sie war nicht mehr Herr ihrer Sinne und lallte wirres Zeug. Den Schreck in den Knochen, setzten wir sie mehr zerrend als tragend in unseren Jeep. Ihr Gewicht war zudem erheblich. Damals schon hatte sie deutliche Ansätze für eine einst gewichtige Marktfrau. Unser bolivianischer Hausarzt riet uns, sie in eine gute Klinik im Stadtteil Obrajes zu bringen. Dort hinterlegten wir Geld, baten um gute Behandlung und baldige Nachricht. Die Vermutung des Hausarztes, versuchte Abtreibung könnte die Ursache sein, wurde durch die Klinikärzte bald bestätigt. Einer der vielen gewissenlosen Pfuscher hatte – wohl unter Anwendung von Kräutern – die Abtreibung des Kindes eingeleitet, sicher eine erhebliche Summe kassiert und die Frau dann ihrem Schicksal überlassen.
Später, als Felicia wieder bei Kräften war, fragten wir sie in einer stillen Stunde, warum sie uns denn nicht vorher um Rat gefragt hätte. Und sie gestand unter Tränen, daß sie gefürchtet hatte, wir würden ihr kündigen, wenn sie ein Kind bekäme. Ihr Bruder, der von ihr Geld für den Kauf eines neuen Führerscheins brauchte, und ihr Freund hatten sie zu diesem Schritt getrieben. So war sie durch die brutale Unterdrückung durch Verwandte und Freunde fast zu Tode gekommen. Diese bittere gemeinsame Erfahrung am schmalen Pfad zwischen Leben und Tod hat unser Vertrauen zueinander vertieft. Felicia blieb zwei Jahre lang meiner Frau Anna, unseren Kindern Gabriel, Bernadette, Stefan (den sie besonders ins Herz geschlossen hatte), Maria, Johanna und auch mir eine treue und hilfreiche Begleiterin.

Heute lebt Felicia zusammen mit ihrem achtjährigen Sohn David auf dem El Alto im Stadtteil Lima, dort, wo die Straße ins Zongotal die Stadt verläßt. Ihr Mann ist nach einem kurzen Leben wenige Monate nach unserer Begegnung am Markt an einer heimtückischen Krankheit gestorben. Sie hatten sich gemeinsam mit viel Mühe und Fleiß ein zweigeschossiges, verputztes und weiß getünchtes Haus gebaut. Keinen Baum und keinen Strauch gibt es dort im höchstgelegenen Teil der Stadt, der eher an Sibirien denn an Äquatornähe denken läßt. Als ich die damals noch vollständige Familie vor meiner Rückreise nach Deutschland besuchte, flüsterte Felicia mir beim Abschied etwas ins Ohr: Sie bat um unsere Hilfe, wenn ihr Sohn einmal studieren will. So hofft sie auf ein besseres Leben – wenigstens für ihr Kind. Heute, da sie ohne Mann leben muß, ist die erbetene Schulhilfe zur Überlebenshilfe geworden. In einem ihrer letzten Briefe stehen die Sätze:
»Ich befinde mich in einem sehr schlechten Gesundheitszustand. Ich bin krank und kann mich nicht kurieren. Mein Sohn weint immerfort nach seinem Vater. Es gibt niemanden, der mich beachtet. So ist unser Leben sehr traurig. Wir wissen nicht, was wir machen sollen . . . Außerdem habe ich kein Geld. Alles in meinem Haus habe ich verkauft, auch meine Kleidung. So kann ich niemals gesund werden . . .«
In einem späteren Brief berichtet Felicia, daß es sich für sie nicht mehr lohne, zum Markt zu fahren. Die Transportkosten sind drastisch gestiegen, und der Preis für die Busfahrt vom El Alto hinunter ins Zentrum der Stadt ist zu hoch. Ihr Tagesverdienst reicht nicht dafür aus. Hier ist die gnadenlose internationale Geldpolitik bis in den kleinsten Haushalt zu spüren.
Der Internationale Währungsfond (IWF) hatte harte Bedingungen an Bolivien gestellt, damit das Land seine Kreditwürdigkeit wiedererlange. Die Regierung Paz Estenssoro nahm diese Bedingungen an und setzt sie noch immer in konkrete politische Maßnahmen um. Unter anderem mußte sie die Subventionen für Transportmittel streichen. Damit hat der

IWF, der zur »Sanierung« des Landes beitragen will, Menschen wie Felicia die letzte Existenzgrundlage zerstört. Wieder einmal zahlen die Armen die Zeche für die verfehlte Politik einiger weniger. Und Felicia ist leider kein Einzelfall. Die Maßnahmen zur Sanierung der Wirtschaft erreichen ihren gegenteiligen Zweck: Sie treiben die Mehrheit des Volkes ins Elend. Manchester läßt auch heute noch grüßen.

Die Fähre am Desaguadero

Die Straßen der fast 4000 Meter hoch gelegenen Bergwerksstadt Oruro liegen noch im matten Grau der ersten Morgendämmerung. Gerade so, als wollten sie der Kälte entkommen, die eine lange Nacht zurückgelassen hat, huschen Indianer fast lautlos durch die unwirtlichen Gassen, um dann an der nächsten Ecke schnell wieder zu verschwinden. Frauen schleppen vollgepackte bunte Tragetücher auf dem Rücken zum Markt, Männer eilen, eingemummt in Ponchos, Schals und Mützen, zu ihrer Arbeit. Irgendwo ertönt eine Sirene und kündigt den Beginn einer neuen Grubenschicht an. Es scheint, als würden alle ihre Schritte beschleunigen. Die Minen bestimmen hier den Takt eines meist kurzen Lebens.

Auch mir kriecht die Kälte in dieser frühen Stunde in die Kleider. Ich vertreibe sie durch schnelleres Gehen. Ich suche das Opispado, den Wohn- und Arbeitssitz des Bischofs dieser Stadt. Monsignore hatte gestern versprochen, mir seinen Jeep zu leihen, damit ich Kursteilnehmer zu einem Praktikum fahren kann. Gestern waren wir zu seinem Haus aus einer anderen Richtung gekommen, und es sah alles ganz anders aus. Doch da glaube ich, nach hellblauen, weißen und giftgrünen Fassaden auch das zartorange gestrichene Haus wiederzuerkennen. Ein marxistischer Wahlspruch war vor Wochen an die freien Wandflächen zwischen den Fenstern gesprüht worden. Doch niemand hat ihn bisher beseitigt. So erkenne ich an diesem Morgen das Haus des Bischofs ausgerechnet an dieser Parole.

Wie überall in Bolivien, so ist auch beim Bischof das Frühstück ganz einfach. Café con leche, Milchkaffee also, mit Weißbrot, gesalzener Butter und Marmelade. Bischof René Fernández, der mich dazu einlädt, fragt nach dem Fortgang unseres Kurses, und ich erzähle ihm von der Arbeit des Departamento de Fomento Cooperativo.

Diese Genossenschaftsschule ist eine Einrichtung, die die

bolivianische Bischofskonferenz nach der Landreform von 1953 ins Leben gerufen hatte. Sie sollte Bauern, die durch die Reform unvorbereitet zu Land gekommen waren, bei der Gründung von Genossenschaften beraten. Die von einem Tag auf den anderen in die Selbständigkeit entlassenen Landarbeiter hatten keine Ahnung von systematischer Bewirtschaftung der Felder. Bis dahin hatten die Großgrundbesitzer ihren Leibeigenen befohlen, was zu tun war. Nun sollte ihnen die Genossenschaft Stütze und Hilfe bei Produktion und Vermarktung sein und ihnen gleichzeitig politische Kraft verleihen.

Doch der gut gemeinten kirchlichen Einrichtung fehlten die Mittel, bis – wie ein warmer Regen – finanzielle Hilfe aus Deutschland kam. Und mich schickte man als Berater, wie man so schön sagte. Was sollte da nun noch schiefgehen?

Dies alles erzähle ich beim Frühstück dem Bischof, und es scheint ihn mächtig zu beeindrucken. Daß ich in den zwei Monaten, die ich nun seit März 1971 hier bin, schnell gemerkt habe, daß ich viel eher Lernender als Berater bin, sage ich dem liebenswürdigen Herrn vorsichtshalber noch nicht. Er zeigt mir dann sein durch viele Fahrten in schwerem Gelände stark mitgenommenes Auto, beruhigt mich ob des fehlenden Ersatzreifens und des nicht vorhandenen Reservekanisters und wünscht mir eine gute Reise.

Unser Ziel ist Llallahua, 140 Kilometer westlich von Oruro auf dem Altiplano gelegen. Es ist Praktikumstag. Die dreißig indianischen Teilnehmer unseres zweiwöchigen Kurses haben sich in mehrere Gruppen geteilt und besuchen je eine Genossenschaft. Nachher werden sie im Kurs die gemachten Erfahrungen austauschen, Erfolge und Probleme der besichtigten Einrichtungen analysieren.

Mit mir fahren sechs Männer aus dem Kurs. In Llallahua soll es eine Viehzuchtgenossenschaft geben. Doch keiner meiner Begleiter weiß genauer Bescheid. Für mich ist es die erste größere Fahrt über die endlos scheinende Weite der Hochebene. Mir fehlt noch jede Erfahrung im Umgang mit den Altiplano-Bewohnern und mit den möglichen Überraschungen und Schwierigkeiten einer Reise abseits der üblichen Pisten. Ich verlasse mich daher ganz auf meine Begleiter und deren Erfahrung im Umgang mit den Gegebenheiten des Landes. Zwar war keiner von ihnen je in Llallahua, doch sie kennen wenigstens die Richtung, in die unsere Fahrt gehen soll. Ich weiß lediglich mit dem Fahrzeug umzugehen. So sind wir also für diesen Tag ganz aufeinander angewiesen.

Die nach La Paz führende Bahnlinie ist zunächst das, woran wir uns halten können. Ohne Brücken überqueren wir mehrere ausgetrocknete oder nur wenig Wasser führende Flüsse. Die Fahrbahndecke unserer Straße bilden festgefahrene Flechten und Gräser. Die Pampa ist durchsetzt mit großen Flächen weißen Salpeters, der auf weite Strecken jegliches Wachstum verhindert. Nach etwa zwanzig Kilometern zweigt links, über die Bahngleise hinweg, eine andere Straße ab. Es gibt keinerlei Hinweis auf all die Orte, durch die wir heute noch kommen sollen: Papel Pampa, Totora, Curahuara de Carangas oder auch Llallahua. Wer dorthin will, weiß eben, daß man hier abbiegt. Da wir wissen, daß wir in westlicher Richtung fahren müssen, biegen auch wir ab. Erst nach einigen Kilometern können wir uns durch Fragen vergewissern, daß wir richtig gefahren sind.

Den Gesprächen meiner Begleiter, die im engen Jeep dichtgedrängt neben und hinter mir sitzen, entnehme ich, daß sie – ebenso wie ich – nicht wissen, wie wir den Desaguadero überqueren werden. Einige meinen, in der Trockenzeit, wie jetzt, könne man einfach durch den Fluß fahren. Andere hoffen auf eine Brücke, und der Rest behauptet, es gäbe eine Fähre. Es wird also spannend.

Der Altiplano ist hier so eben wie ein riesiger Tisch. Wir sind immer wieder von neuem überrascht, wenn wir ein mehrere Meter tief liegendes Flußbett durchfahren müssen, ohne es vorher gesehen zu haben. Ebenso überrascht sind wir, als wir plötzlich am Ufer des Desaguadero stehen. Da der Wasser-

spiegel etwa zwei Meter tiefer liegt als die Ebene, konnten wir ihn aus der Ferne nicht sehen.
Tiefblau spiegelt sich das endlos über uns gespannte Firmament auf einer ruhigen Wasserfläche. Träge gleitet der Fluß zwischen rotbraunen Sandbänken dahin. Ich fühle mich versetzt in eine Urlandschaft, deren Anfang und Ende im Irgendwo liegen.
Etwa hundert Meter trennen uns vom gegenüberliegenden Ufer. Wie seit langem verlassen liegt drüben eine Fähre, nur an einem dünnen, über den Fluß gespannten Drahtseil befestigt. Weit und breit ist keine menschliche Behausung zu sehen. Nur auf einer Anhöhe, auf die hin unsere Straße auf der gegenüberliegenden Flußseite weiterführt, hebt sich in etwa zwei Kilometer Entfernung eine Form am Horizont ab, die ein Haus vermuten läßt. Doch wir halten es für wenig wahrscheinlich, daß der Fährmann so weit von hier wohnt. Wir nehmen eher an, daß er irgendwo in der Nähe Schafe oder Lamas hütet.
Wir hupen laut und sicher weit im Umkreis vernehmbar. Kein Lufthauch ist spürbar, nichts kann den Huplärm in eine unerwünschte Richtung vertragen. Wir wiederholen das Gehupe noch mehrmals und warten dann wieder geduldig ab. Die Sonne ist schon sehr hoch gestiegen und wärmt angenehm am noch jungen Tag. Wir stärken uns mit den mitgebrachten Broten und kürzen so die Wartezeit ab. Wir hupen erneut, doch niemand ist weit und breit zu sehen.
Nach fast einer Stunde setzt sich bei uns allmählich die Vermutung durch, es handle sich um eine Selbstbedienungsfähre. Zwei meiner Begleiter entledigen sich bis auf die Unterhose ihrer Kleider und schwimmen durch das kalte Wasser hinüber ans andere Ufer. Die Fähre ist schnell losgemacht und durch die Strömung bewegt sich das schwimmende Gefährt zur Mitte des Flusses. Doch als die beiden unter kräftigem Einsatz des Ruders etwa zwei Drittel der Flußbreite hinter sich haben und die Strömung zum Ufer hin etwas nachläßt, bewegt sich die Barca nicht mehr von der

Stelle. Die beiden verzweifelt Rudernden bekommen von uns wohlgemeinte, doch höchst unterschiedliche Ratschläge. Nach langer, vergeblicher Mühe entschließt sich einer von ihnen, erneut ins kalte Wasser zu gehen. Er kommt glücklicherweise auf einer Sandbank zum Stehen. Im brusttiefen Wasser kann er die Fähre mit Mühe zum Ufer bewegen und schließlich an zwei Pfosten vertäuen.
Ehe ich den Jeep über zwei ausgelegte Bohlen auf die Fähre lenke, halten wir lange gemeinsam Rat. Wir einigen uns auf eine Technik, mit der wir die Strömung zu nützen hoffen, um so mit der Last ans andere Ufer zu kommen. Als alle sieben Mann an Bord und die Bohlen eingeholt sind, stoßen wir uns kräftig vom Ufer ab und vernehmen dankbar das muntere Gurgeln des Wassers unter uns. Bis zur Mitte des Flusses geht alles ganz gut, doch dann verlangsamt sich unsere Fahrt zusehends, bis wir uns nicht mehr von der Stelle bewegen. So hängen wir nun ziemlich hilflos zwischen hüben und drüben. Wir versuchen, den Fehler in unseren strömungstechnischen Überlegungen zu finden. Vergebens.
Da ruft einer plötzlich: »El barquero!« (»Der Fährmann!«) Tatsächlich kommt auf der Straße am von uns so herbeigesehnten Ufer ein Mestize mittleren Alters herbeigeradelt. Noch auf dem Fahrrad sitzend, beginnt er, uns laut zu beschimpfen. Er tobt lange wie ein Wütender. Ich verstehe – noch in den Anfängen spanischer Sprachkunst steckend – glücklicherweise kein Wort. Uns ist dies alles sehr peinlich. Auf der Fähre wird kaum noch ein Wort gesprochen.
Als der Fährmann das Ufer erreicht, wirft er sein Fahrrad in den Sand und tut, was keiner von uns erwartet hätte: Er legt sich, ganz ruhig geworden, in den sonnenwarmen Sand und beginnt, ganz genüßlich eine Zigarette zu rauchen. Dabei sieht er uns mitleidig zu, als wir erneut versuchen, die Fähre in Bewegung zu bringen. Unter den Blicken des Fachmanns tun wir uns schwer, einen weiterbringenden Gedanken zu fassen, geschweige denn, ihn auch noch auszuführen. Jede Bewegung kann den Spott und den Unmut des Mestizen erneut provo-

zieren. Wir fühlen uns recht hilflos. Niemand von uns kann ahnen, wie lange er das Spiel mit uns treibt.

Doch als er seine Zigarette zu Ende geraucht hat, erhebt er sich langsam aus seiner Ruhestellung und gibt uns klare Anweisungen. Wir hatten das Ruder an der falschen Seite gesetzt und gegen die Fahrtrichtung gesteuert. Wir nähern uns langsam dem Ufer, doch der fehlende Schwung läßt uns die Sandböschung nicht ganz erreichen. Mit einem zugeworfenen Seil zieht er uns schließlich an Land.

Obwohl wir die meiste Arbeit selbst getan haben, bezahlen wir ohne Murren die geringe Gebühr für das Übersetzen. Es wird kein Wort mehr über den Vorfall gesprochen. Freundlich, als wäre nichts geschehen, erklärt uns der Barquero den Weiterweg bis nach Llallahua.

Llallahua ist eine weit verstreute Comunidad – ein Gemeindegebiet – an der Grenze der Departamente La Paz und Oruro. Kein Hügel begrenzt hier die Sicht. Nur weit entfernt im Westen glänzt majestätisch die oben leicht gerundete Eispyramide des Sajama: ein erloschener Vulkan, der höchste Berg des Landes. Vor ihm hingestreckt ein silbrig glitzernder Streifen, in dem sich der Sockel des Vulkans glasklar spiegelt. Ich muß mir wieder, wie schon oft auf dieser Fahrt, ausreden lassen, daß dies ein See sei. Es ist das verlockende Schauspiel einer Fata Morgana.

Die Häuser der Comunidad liegen in Gruppen über die Ebene verstreut. Jeweils vier oder fünf Gehöfte bilden ein kleines Dorf. Die einzelnen Gebäude sind – weil Wohnhaus, Scheune oder Stall – verschieden groß. Sie sind einander so zugeordnet, daß sie einen Hof bilden, der von einer mannshohen Mauer begrenzt wird. Ummauerte Pferche für Lamas oder Schafe reichen von den Gehöften oft weit in die Pampa hinaus.

Auffallend sind die vielen verfallenen Häuser. Der Grund dafür ist, daß Wohnhäuser nur so lange bewohnt werden, wie eine Familie besteht. Jede neue Familie beginnt in einem neuen Haus. Spätestens mit dem Tod der Eltern beginnt das Haus zu verfallen. Häuser sind also nicht vererbbarer Besitz,

sondern Heimstatt für die Dauer einer familiären Gemeinschaft. Die ohnehin begrenzte Lebensdauer von Häusern mit lehmgestampften Wänden und einem Dach aus Ichugras gleicht so dem menschlichen Leben in seiner natürlichen Begrenzung.

Diese Auffassung entspricht noch ganz der alten indianischen Tradition. Wenn sich die vielen Indianerstämme im nördlichen und südlichen Amerika in ihren Gebräuchen und Lebensgewohnheiten auch unterschiedlich entwickelten – eines hatten sie alle gemeinsam: Sie hatten keinen Sinn für die Ansammlung von Reichtümern, Geld war ihnen fremd, und nirgends auf beiden Kontinenten gab es Privatbesitz. Für den Indianer aller Stämme war es – und ist es vielfach heute noch – unvorstellbar, Land zu besitzen oder es zu verkaufen. Es gehörte dem Großen Geist, hier in Bolivien dem gottgleichen Inka, der es verwaltete und jedem nach Bedarf zur Bebauung zuteilte. Der Indianer teilte das Land mit seinen Brüdern, auch mit den weißen Konquistadoren, wie Wasser und Luft. Er lebte und lebt im Einklang mit der Natur. Rücksichtslos nützten die Weißen diese klaren Ideale zur eigenen Bereicherung und raubten dadurch den Indianern jegliche Lebensgrundlage. Das Ergebnis dieser Raubzüge wird heute immer deutlicher sichtbar, und sie haben noch immer kein Ende gefunden.

Vieles von dem, was dem flüchtigen Touristen am Altiplano als »typisch indianisch« erscheint, ist es längst nicht mehr. Große Teile des Hochlandes waren einst das Land der Aymara. Die Inka, die Konquistadoren und das Industriezeitalter haben ihre Spuren in der Bauweise, in der Kleidung und im Landbau hinterlassen. Und doch hat sich erstaunlich viel an originärer indianischer Lebensform durch die Jahrhunderte erhalten.

So bewirtschaften hier in Llallahua die Bauern ihre Felder gemeinschaftlich. *Aynuqa* nennen die Aymara diese über viele Jahrhunderte überlieferte Form der Bewirtschaftung der Felder, bei der Männer und Frauen, Kinder und Alte zusammenhelfen. Wo die Spanier diese Form der Landnutzung nicht störten, weil die Bodenqualität oder die Lage die Errichtung einer Hacienda nicht als lohnend erscheinen ließen, wird sie bis heute gepflegt. Vom Dorfgemeinschaftsland ist jeder Familie vor Generationen eine Parzelle zugeteilt worden, die sie bis heute für die Fruchtfolge von Kartoffeln, Gerste und Quinoa nützt. Auf ein kleines Stück hausnahes Land, *sayaña* genannt, auf dem die Wohngebäude errichtet sind, hat die Familie einen quasi besitzrechtlichen Anspruch. Jede so nach uraltem Vorbild organisierte Dorfgemeinschaft nennen sie *ayllu*. Diese Bezeichnung umschließt alles, was zu Haus, Hof, Feld und Dorf gehört.

Nicht allen Kursteilnehmern, die mit mir hierher gekommen sind oder die in anderen Genossenschaften praktizieren, ist diese Lebensform aus der Praxis vertraut. In der Theorie unserer Kurse war davon allerdings schon mehrmals die Rede. Immer dann, wenn wir mit einem einwöchigen Grundkurs beginnen, verwenden wir den ersten Tag darauf, die Teilnehmer von alten Formen gemeinschaftlichen Lebens und Wirtschaftens erzählen zu lassen. So entdecken sie bei sich selbst die Grundlage für ein Verständnis von Genossenschaft, mit dem sie sich auf dem Hintergrund der eigenen Kultur identifizieren können.

Im letzten Kurs erzählten sie von *minka*, einer Gemeinschaftsarbeit, die für jene geleistet wird, die zum Bestellen der Felder oder zum Bau eines Hauses wegen Alter oder Krankheit nicht in der Lage sind. Auch von *faena* war die Rede, also von der Verpflichtung der Dorfbewohner zum Bau von Gemeinschaftseinrichtungen wie Schulen, Straßen, Gesundheitsstationen oder Einfriedungen. Ein Teilnehmer wußte von *ayni* zu erzählen, was ein gegenseitiges Aushelfen mit Geld oder Sachgütern bezeichnet.

In vielen Formen ist Solidarität lebendig. Das machen die heute noch gebräuchlichen Worte wie *chuqu, wayka, sataqa, chiki* oder *wit'u* deutlich, die in inkaischer oder präinkaischer Zeit wurzeln. Die einzelnen Begriffe werden in verschiedenen Teilen des Landes für unterschiedliche Leistungen verwendet, aber immer geht es um Vereinbarungen unter Menschen, die sich für den einzelnen Nächsten und für die Gemeinschaft verantwortlich fühlen.

Auch hier in Llallahua erzählen uns die Repräsentanten der Genossenschaft von im Dorf praktizierter *minka* und *faena*. Im mauerumfriedeten Hof des Genossenschaftspräsidenten, eines einfachen indianischen Bauern von Llallahua, sitzen wir bei Pellkartoffeln und getrocknetem Schaffleisch zusammen und lassen uns von der genossenschaftlichen Arbeit hier erzählen. Lamas und Schafe werden gezüchtet, doch der Absatz der Wolle ist besonders in der Regenzeit schwierig. Transportfahrzeuge versinken in Schlamm und Morast. Die Fuhrunternehmer verlangen überhöhte Preise für den Transport. Uns allen wird klar, daß Genossenschaft zur Bündelung der bäuerlichen Kräfte gegenüber skrupellosen Händlern unentbehrlich ist. Andererseits stößt sie aber schnell an die Grenzen ihrer Möglichkeiten, wenn die zum Absatz der Produkte sonst noch nötige Infrastruktur fehlt.

Bei der Rückfahrt nach Oruro wird im Jeep lebhaft über die Erfahrungen und Eindrücke des Tages diskutiert. Wir haben reichlich Stoff für die Weiterarbeit am morgigen Tag. Einige meiner Begleiter werden sich nach den zwei Kurswochen sicher für den weiterführenden dreiwöchigen Spezialkurs qualifizieren. Sie haben dann ganze sechs Wochen intensiver genossenschaftlicher Ausbildung. Ob sie jedoch ihr Wissen in der eigenen Kooperative verwerten können, hängt von ihren Möglichkeiten und von ihrem Geschick ab, sich zu Hause Mitstreiter für die Umsetzung der neu gewonnenen Erkenntnisse zu suchen.

Es war ein reicher Tag. Ehe die Sonne am westlichen Horizont ganz versinkt, taucht sie alles um uns noch in leuchtendes Gold. Wir haben einen anderen Weg zurück nach Oruro gewählt. Als wir den Desaguadero bequem auf einer Brücke überqueren, seufzt einer nachdenklich vor sich hin: »Este barquero . . .«

Zwei Berge – eine Sage

Altiplano. Neben dem tibetanischen »Dach der Welt« tief wurzelnde Sehnsucht meiner Kindheit. Ist es die Nähe des Himmels, die mich lockt? Sind es die Farben, die Berge, die Aymara? Ist es der gleiche urmenschliche Trieb, der auch die Inka beseelte, den Göttern möglichst nahe zu sein? Wer weiß . . .

Das Rückgrat des Kontinents, die Anden, sind hier aufgespalten in zwei Gebirgszüge. Zwischen sie ist, 700 Kilometer lang und 200 Kilometer breit, die Ebene in 4000 Metern Höhe eingespannt. Die Eisriesen der Ost- und West-Kordillere sind für die Aymara und Quechua, die diese Region bewohnen, tägliche Gegenwart. Um sie ranken sich Glaube, Mythos, Legende.

Der Illimani und der Mururata beherrschen das Bild der Hauptstadt La Paz. Beide sind durch den 4700 Meter hohen Paß getrennt, der zu den Minen Bolsa Negra und Bolsa Blanca (Schwarzer Sack und Weißer Sack) führt. Der Illimani leuchtet mit seinen 6402 Metern als dreizackige Silberkrone über der Stadt. Der Mururata, sein Nachbar, scheint ihm bescheiden die Herrschaft zu lassen. Er begnügt sich mit 500 Metern weniger und verzichtet auf einen markanten Gipfelaufbau. Sein fünf Kilometer langes, fast waagrechtes Eisdach erscheint wie mit dem Hobel geebnet. Wie ist diese Form wohl entstanden?

Die Indianer haben dafür eine einfache Erklärung. Für sie sind die Gipfel der Berge die Throne der Götter; erhaben kann ein Gott aber nur auf einer markanten Spitze sein. Sie erzählen sich daher die Legende, daß der Teufel eines Nachts dem Mururata die Spitze abgeschnitten und sie an eine andere Stelle versetzt habe. Der Sajama an der Grenze zu Chile ist seitdem für sie die andere Hälfte des einstigen Riesen. Tatsächlich steht der Sajama allein und unvermittelt in der Weite des Altiplano, und seine Basis mißt etwa fünf Kilometer – genau wie das Gipfeleis des Mururata.

Für mich ist das eine faszinierende Geschichte. Es drängt mich, diesem Geheimnis nachzugehen. Ich suche Verbündete: Gerd, Entwicklungshelfer im »Wasserprojekt« von La Paz, und Hubert, als Forstmann in deutschem Auftrag für das Pflanzen von Eukalyptusbäumen rund um die Stadt verantwortlich, kann ich für eine Besteigung des Mururata begeistern. Ein deutscher Tourist schließt sich uns an.

Es ist ein strahlender Morgen, als wir bei einigen einsamen Häusern in einem entlegenen Tal am Westabhang des Mururata unser Auto abstellen. Wir waren von La Paz aus an Palca vorbeigefahren, wo ein in der Regenzeit wütender Fluß eine der wildromantischsten Schluchten dieses Landes geformt hat. Einen freilebenden Puma hatten wir dort vor einigen Wochen gesehen. Das grauschwarze Tier hatte uns von einem höhergelegenen Felsen aus friedlich zugesehen, wie wir im trockenen Flußbett neben dem Auto Sonntagnachmittagsrast hielten. Ob seine »Gedanken« wirklich nur friedlich waren, werde ich sicher nicht ergründen.

Bei den Weißen Boliviens geht die Mär um, – und viele Gringos haben sie ungeprüft übernommen – die Aymara würden mutwillig abgestellte Autos beschädigen, wenn man sie nicht mit Geschenken besänftige. So müssen auch wir den Kindern im Dorf Eßbares überreichen, damit wir den Jeep am nächsten Tag unversehrt wieder vorfinden. Gegen Geschenke habe ich nichts, viel aber gegen die Mär.

Während wir noch überlegen, ob wir nach einem Eselbesitzer Ausschau halten sollten, der mit seinem Tier den Transport unserer Ausrüstung bis zum Gletscher übernimmt, bietet uns ein Mann aus dem Dorf sein Maultier an. Er will 100 Pesos für den Transport bis zum Gletscher. Wir handeln ein wenig und sind schnell bei der Hälfte der Forderung. »Man muß nur mit den Leuten reden«, sagt einer und kommt sich großartig dabei vor. Er meint, ein Tagesverdienst von fünfzehn Mark sei schließlich keine Alltäglichkeit für einen Indianer hier oben. Es ist wohl nicht der erste Transport, den der Mann übernimmt. Das Maultier bekommt zum Packen die Augen

verbunden, und schnell sind die Sachen auf dem Rücken des Tieres fachmännisch verschnürt. Wir kommen uns vor wie richtige »Herrenbergsteiger«, als wir selbst nur noch den Eispickel tragen.
Wir gehen zunächst ein breites Hochtal hinauf, auf dessen grünen Wiesen Lama- und Schafherden weiden. Das Wasser des Bergbachs läßt hier auf dem ebenen Grund saftiges Gras gedeihen. Das Tal wird durch einen Steilaufschwung abgeschlossen, über den der Bach wie ein breitausgelegter, seidiger Schleier herabstürzt. Darüber leuchtet der Firn, aus dem sich der Wasserfall speist.
Im schotterigen, steilen Gelände muß sich das Maultier elend plagen. Doch auch uns fällt der Aufstieg – selbst ohne Gepäck– in der Mittagshitze wahrlich nicht leicht. Als wir das steilste Stück hinter uns haben, hat uns das Maultier bereits drei Stunden begleitet. Da hält der Mann an und beginnt, die Last abzuladen. Wir reklamieren und erinnern den Treiber, daß er das Gepäck bis zum Gletscher bringen wollte. »Für den halben Preis ist auch nicht der ganze Weg gemeint gewesen«, kontert er. So zwingt er uns, von hier ab unsere eigenen Maultiere zu sein, und rächt sich so an unserem Geiz.
Das Wetter im Winter, zwischen Mai und September, ist fast immer schön und beständig. Nevadas, Kälteeinbrüche, bei denen meist oberhalb 4000 Meter Schnee fällt, können diese Zeit für wenige Tage stören. Im Bergsee, in den der ihn speisende Gletscher seine Zunge hängt, als wollte er aus ihm lecken, spiegelt sich ein tiefblauer Himmel. Die Moräne an der linken Seite des Sees scheint uns begehbar. Obwohl das Vorwärtskommen mühsam ist und jeder Schritt wegen des steilen Gerölls nur zum halben wird, müssen wir so noch nicht in das wildzerklüftete Eis. Wir schinden uns bis fast zu den Felsen, die am Moränenursprung den Gletscherfluß bremsen. Jetzt muß es sein: Wir springen hinüber in einen Eistrog, den Wasser und Sonne als Einstieg geformt haben. Die Kanten des Eises sind scharf wie Messer. Trotz der Wärme ziehen wir Handschuhe an, um uns nicht zu verletzten. Der Gletscher

streckt der fast senkrecht über uns stehenden Sonne geschliffene Klingen und Speere, den »Büßerschnee«, entgegen, als wollte er so ihre zerstörende Kraft abwehren. Wir versuchen mit äußerster Vorsicht, aus diesen Eisgräben herauszukommen und breitere begehbare Flächen zu finden, auf denen wir die meterhohen Vertiefungen umgehen können. Riesige Spalten tun sich auf, die wir auf Eisbrücken und Verwerfungen überqueren.

Nach drei anstrengenden Stunden halten wir am Ende des Eisbruchs nach einem Lagerplatz Ausschau. Auf einer Schneefläche zwischen kleineren Spalten schlagen wir bei 5200 Metern unsere Zelte auf. Über die in nord-östlicher Richtung liegenden Grate, Türme und Rippen schieben sich Wolken herüber, als wollte der Dampf aus den heißen, zum Amazonas gerichteten Tälern zu uns herüberschwappen. Über dem Titicacasee, der im Westen als schmaler Streifen silbrig glänzt, hat sich ein riesiges Gewitter aufgebaut, das uns jedoch sicher nicht schadet.

Wir kochen Tee, blasen mit letzter Kraft die Luftmatratzen auf und kriechen früh in die Schlafsäcke. Die Temperaturen sinken rasch, sobald die Sonne hinter einem Bergrücken verschwunden ist. Die Nächte sind lang in der Nähe des Äquators. Kopfschmerzen plagen uns, der Durst ist quälend. Die meiste Zeit liegen wir wach.

So können wir auch den Morgen nicht verschlafen. Doch wir warten, bis die Sonne die Zelte erreicht hat, um uns nicht unnötig der Kälte auszusetzen. Ohne belastendes Gepäck haben wir zwei Etappen vor uns: Zunächst einen etwa 300 Meter hohen und sehr steilen Firnhang, danach einen fast fünf Kilometer langen Marsch, auf dem bis zum Gipfel weitere 400 Meter an Höhe zu bewältigen sind.

Der Steilanstieg ist in der Frische des Morgens bald gemacht. Wir stehen nun auf der weit ins Land hinein sichtbaren Fläche, auf der der Teufel gewirkt haben soll. Mühselig ist der Weg im sulzig werdenden Firn. Oft stützen wir uns auf die Pickel, um auszuruhen und durchzuatmen. Oft wird es mir schwarz vor Augen. Wir erreichen den östlichen Rand des Plateaus. Wir sehen hinunter in die Yungas: aneinandergereihte, riesige Geländefalten, wie bemoost mit üppiger Tropenvegetation. Wie verlockend ist doch der Gedanke, im Schatten der Palmen auf der Plaza von Coroico zu dösen und den Saft süßer Orangen zu genießen ...

Es wird eine rechte Plagerei bis zum höchsten Punkt. Auf den Gipfelhang brennt die Sonne im rechten Winkel. Wir brechen oft bis über die Knie im aufgeweichten Schnee ein. Doch oben ist die Freude groß. Keiner von uns ist bisher jemals so hoch hinauf gekommen: 5869 Meter. Am Horizont – 200 Kilometer entfernt – erkennen wir ganz schwach den Sajama.

*

Gerd ist für das zweite Vorhaben leicht zu gewinnen. Wir rüsten uns für den Sajama. Ein DED-Helfer aus dem Allgäu, der eigentlich heimreisen will, von Bolivien jedoch wenig gesehen hat, schließt sich uns an. Mitte Oktober ist spät für dieses Unternehmen. Doch obwohl die Sechstausender um diese Jahreszeit gerne schon Wolkenhauben tragen, können wir, solange kein Regen gefallen ist, noch auf trockene Straßen hoffen.

Wir brechen früh auf, denn für die 250 Straßenkilometer bis zum Sajama werden wir sicher gut zwölf Stunden brauchen. Vom El Alto führt uns eine schnurgerade und tischebene Straße zum 22 Kilometer entfernten Viacha. Eine weithin sichtbare Zementfabrik – eine der wenigen des Landes – steht mächtig mitten im Ort und bedeckt seine Dächer mit einer fast versteinerten, schmutzig-grauen Staubschicht. Der Ort hat so ein noch trostloseres Gesicht, als es ihm ungekalkte Lehmziegelhäuser ohnehin geben. Menschen, die hier leben, erkaufen sich die bessere Erwerbsmöglichkeit durch einen hohen Staubanteil in Luft und Lunge. In nichts scheinen sich Menschen aller Kontinente so leicht und schnell einig wie in der Zerstörung des eigenen Lebensraums.

Wir fahren nun lange der Eisenbahnlinie entlang, die La Paz mit Arica, der nördlichsten chilenischen Stadt am Pazifik, verbindet. Die Landschaft des Altiplano ist etwas bewegter geworden, Hügel unterschiedlicher Färbung säumen das flache Tal, durch das sich der kleine Rio Pallina, die Bahn und die Straße schlängeln. Goldgelb ist die Farbe, die über alles ringsum ausgegossen scheint. Sie wird vom stacheligen Ichugras bestimmt. Weiße Haufenwolken zaubern sich immer wieder verändernde Schattengebilde auf die gelben Buckel, die die Hochfläche beleben. Eine Erhebung ist uns schon lange aufgefallen, sie kommt langsam näher: der Granithügel von Comanche. Er birgt das einzige Feingranitvorkommen des Landes. Glücklicherweise wird hier (noch) nicht industriell abgebaut, nur Steinmetze fertigen – handwerklich einfach – Mahlsteine für Haushalte gehobener Schichten.

Und: Dieser Hügel ist Nische für eine besondere Laune der Natur und ihres Schöpfers. Offenbar schaffen Granit und Höhe gemeinsam günstige Bedingungen für das Gedeihen der riesigen Puya raimondii, auch Titanca genannt. Sie ist unter den über hundert Puya-Arten mit ihren bis zu fünfzehn Meter hochragenden Blütensäulen die größte. Viele sagen, sie sei die größte Blume der Welt überhaupt.

Aus ihrem palmgefiederten Sockel strebt mächtig die Blütenkerze empor, an der grünlichweiße, nektarreiche Einzelblüten wendeltreppenartig nach oben wachsen und auch von unten nach oben erblühen. Mit Vorliebe saugen Kolibris mit ihren langen Schnäbeln, im Schwirrflug vor der Blüte »stehend«, den süßen Blütensaft und helfen dadurch bei der Bestäubung. Die mächtigen Schöpfe der Palmblättersockel, die wie berstende Feuerwerkskörper aussehen, bieten im sonst fast baumlosen Hochland sehr vielen Vogelarten Zuflucht und Nistplatz. Es tummeln sich Tauben und Kolibris, Sperlings- und Töpfervögel. Doch Vorsicht! Fliegt ein Vogel zu hastig von einer Puya fort, kann er allzuleicht an den angelhakenbewehrten Blattenden hängenbleiben. Und je stärker er im Bemühen um Freiheit flattert, desto tiefer bohrt sich der Dorn

in Gefieder und Fleisch. Die Pflanze ist somit Zuflucht und Todesfalle zugleich.
Die Puya raimondii braucht zwischen 100 und 150 Jahre, ehe sie ein einziges Mal in ihrem Dasein erblüht. Wen wundert es da, wenn die Indianer, die in enger Gemeinschaft mit der Natur leben, gerade ihr starke Kräfte zumessen? Wer sie blühen sieht, so sagen sie, soll ein Jahr lang vom Glück nicht verlassen werden. Was immer das auch bedeuten mag, es soll uns für unser Vorhaben nur recht sein.
Hinter Corocoro, einem traditionsreichen Städtchen mit Sitz des Bischofs Lopez de Lama, rätseln wir an der Frage: Wie werden wir den Desaguadero überqueren? Währenddessen fahren wir auf einen mitten in der Landschaft stehenden Turm zu, dessen Bedeutung wir uns lange nicht erklären können. Plötzlich werden aus dem einen Turm zwei. Sie haben unten ein offenes Tor und oben zwei kleine, ebenfalls offene Fenster. Einer sagt: »Das ist eine Brücke.« Tatsächlich, es sind die Pfeiler einer wohlgeformten, spanischen Hängebrücke über den träge dahinfließenden Desaguadero. Armdicke Zugseile sind von Pfeiler zu Pfeiler gespannt und dahinter im Boden verankert. An diesen Zugseilen sind wiederum Hängeseile befestigt, die Querbohlen tragen. Die Längsbohlen darüber werden für hundert Meter die Straße ersetzen.
Wir würden den Brückenzoll gerne erst nach dem Passieren des Bauwerks bezahlen. Doch nein, der Indianerbub erhebt die Gebühr schon im voraus. Mir fällt ein, daß ich in einer deutschen Gaststätte den scherzhaften Hinweis gesehen habe »Pilzgerichte sind vorher zu bezahlen«. Tröstlicherweise sind uns mehrere Lastwagen begegnet, die wohl alle den Fluß hier überquert haben. Mit ein wenig Todesverachtung vertrauen wir uns den Seilen an. Bei der ersten Berührung der Vorderreifen mit den Bohlen läuft eine Welle des Schwankens bis hinüber zum anderen Pfeiler. Wie Wellen, die vom Ufer zurückschlagen, kommt auch diese Bewegung zurück. Als wir mit dem Fahrzeug über dem Wasser stehen – auf das wir durch die Bohlen hinunterschauen können –, befindet sich die ganze

Fahrbahn vor uns in unberechenbaren Schwingungen. Wahrscheinlich wäre das Schaukelvergnügen geringer, würde ich mich nur getrauen, schneller zu fahren. Doch durch das ständige Auf und Ab meine ich, jede Schwankung mit dem Steuerrad ausgleichen zu müssen. Einmal blicke ich zweifelnd hinauf zu den Auflagern der Seile. Doch der Turm aus mächtigen Quadern hat durch die Jahrhunderte sicher ganz andere Lasten getragen. Wir atmen alle drei deutlich leichter, als wir wieder festen Boden unter den Rädern haben.

Nicht weit flußabwärts mündet der Rio Mauri in einem weit verzweigten Delta in den Desaguadero. Wir ahnen noch nicht, daß wir nach der Bahnstation Calacoto diesen breiten Fluß ohne Brücke überqueren müssen. Doch als die Straße am Wasser plötzlich zu Ende und nach fast hundert Metern am anderen Ufer als Spur wieder zu erkennen ist, stellen wir uns auf das nächste Risiko ein.

Der Rio Mauri kommt aus der West-Kordillere und sucht seinen Weg zwischen unwegsamen Bergen nach Bolivien. Alle nahe seiner Quelle entspringenden Nachbarflüsse streben dem Pazifik entgegen. Nur er wird nach Osten abgedrängt, speist später den Desaguadero und endet so im abflußlosen Lago Poopo. Auf den Inseln seines Mündungsdeltas tummeln sich viele Arten von Wasservögeln. Wir beobachten aufgeregt schnatternde Wildenten, immer nur kurze Strecken eilig zurücklegende Strandläufer und leuchtendrosa Flamingos, die gemächlich im seichten Wasser stolzieren. Ganze Scharen fliegen auf, als wir uns mit dem Auto nähern, ziehen weite Kreise am tiefblauen Himmel und lassen sich an anderen Plätzen wieder nieder.

Zu schnell durchfahren wir den knietiefen Fluß. Durch das im Motorraum gurgelnde Wasser wird der Verteiler bespritzt. So bleiben wir stehen, mitten im Fluß, und legen die einzelnen Teile wieder trocken.

Das Tal des Rio Mauri verengt sich flußaufwärts rasch. Bahn und Straße drängen sich zwischen Wasser und Felsen um befahrbare Streifen und kreuzen mehrmals den Fluß und einander. Auf den fast hundert Kilometern, die wir durch dieses wildromantische und nur dünn besiedelte Tal fahren, hat sich der Fluß bis zu achtzig Meter tief in den Boden gefressen. Die steil aufragenden Felsen zu beiden Seiten lassen von unten nicht ahnen, daß sie einen Cañon in der sonst brettebenen Hochfläche bilden. Über den Urgrund des Altiplano haben Vulkane eine mächtige Lavaschicht ausgegossen, durch die sich der Fluß gesägt hat. Auf dem Grund dieses Tales fahren wir nun dahin und wundern uns über die bizarr geformten Felswände und die herabgestürzten, scharfkantigen Blöcke. Wir sehen zu Stein gewordene Gesichter, Orgelpfeifen, Tempelsäulen, Türme und Gebilde, die wie moderne Skulpturen aussehen. Vielleicht eilen die wenigen Indianerfrauen in ihren farbenfrohen Röcken und buntgestreiften *awayus* so schnell dahin, um bei all diesen unheimlichen Figuren nicht unnötig lange verweilen zu müssen.

Wir erreichen Charaña. Der Rio Mauri führt flußaufwärts nach Norden weiter. So sind wir wieder oben auf der endlosen Hochfläche des hier mehr von Grautönen bestimmten Altiplano. Charaña ist Grenzort. Hier rollen täglich die Schmugglerzüge von und nach Chile durch einen trostlosen Bahnhof. Auch die Plaza des Ortes ist kalt und verlassen. Die Leute tragen Ponchos, Wollschals und dicke Ohrenklappenmützen mit darübergezogenen Hüten, alles in tristen Farben. Sie schützen sich vor der schneidenden Kälte, die ein steifer Wind hier durch alle Ritzen und Kleider bläst. In Charaña verstehen wir, warum die Bolivianer diesen Landstrich »Sibéria« nennen.

Diesen Bahnhof passiert ein Großteil des Schmugglergutes, das Geschäfte, Straßen und Märkte in La Paz überhäuft. Tauschhandel gehört von alters her zum Leben der Indianer. Sie ignorieren dabei großzügig Staatsgrenzen, da für sie eigentlich nur Stammesgrenzen zählen. So bilden sie ein Volk von Reisenden in Zügen, auf Lastwagen und in Bussen, selbst in Zeiten, da der Handel keinerlei Aussicht auf finanziellen Erfolg verspricht. Doch Schmuggel ist nur möglich, weil auch

Beamte und Behörden ihn dulden und treiben. Man will, wenn man ihn schon nicht unterbinden kann, wenigstens etwas davon haben. Korruption ist deshalb durch Verordnungen, Strafen und moralische Appelle nicht zu bekämpfen.

Wir haben nun etwa vier Fünftel der Reise hinter uns. Von Charaña aus ist erstmals die Gruppe dreier erloschener Vulkane zu sehen, zu denen auch der Sajama gehört. Sie ragen wie weiße Zuckerhüte über die Ebene. Wir fahren auf einer Straße, die eigentlich mehr ein Feldweg ist, direkt auf sie zu. Die Alpakas, die links und rechts weiden, sind bis über die Ohren wie in dicke, weiße, hell- und dunkelbraune Wolle gepackt. Sie sehen, nein lächeln uns an, als wollten sie immerzu fragen: Was wollt ihr denn eigentlich hier?

Es dauert lange, bis wir den Sajama richtig sehen. Doch als wir um einen Hügel herum sind, der uns die freie Sicht seit langem nimmt, steht er plötzlich vor uns, golden in der Abendsonne glänzend. Am Wegrand steht, wie für das Postkartenfoto bestellt, eine einsame, dunkelgrüne, verkrüppelte Pinie.

Wir kommen ins ziemlich verlassene Dorf Tomarapi. Kirche, Mauern und Häuser scheinen wie von Hand modelliert. Der grob verputzte und weiß gekalkte Kirchturm beeindruckt mich tief in seiner schlichten Schönheit. Wir stehen vor der Kathedrale von Tomarapi. Im großzügigen Torbogen, der in den Hof der Kirche führt, leuchtet beim Zurückschauen der schneebedeckte Kegel des Sajama.

Bei Sonnenuntergang melden wir uns beim Transito (dem Polizeiposten) von Sajama, um das Ziel unserer Reise auf unserer Oja de Ruta (der genehmigten Streckenkarte) durch Stempel bestätigen zu lassen. Wir müssen uns langen und umständlichen Fragen stellen. Viel eher, als daß wir den Berg besteigen wollen, traut uns der diensttuende Polizist zu, in so politisch unruhigen Zeiten (1970) den Schmuggel von Guerilleros zu betreiben. Doch als wir durch Ausrüstungsgegenstände die Wahrheit unserer Aussage belegen können, läßt er uns ziehen. Wir suchen uns am Westabhang des Berges

einen Platz für die Nacht. Bis etwa 4100 Meter kommen wir mit dem Jeep. Quer über das flach ansteigende Gelände fahren wir, bis es nicht mehr weitergeht. Sitzend und in unsere Schlafsäcke gegen die Kälte verpackt, verbringen wir die Nacht im schrägstehenden Fahrzeug.
Im Morgengrauen brechen Gerd und ich auf, der dritte Mann bleibt im Auto zurück. Wir haben eine dürftige Beschreibung des Anstiegs. Demnach müssen wir einem Bergrücken folgen, zu dessen oberem Ende eine Gletscherzunge reicht. Wir gehen durch leichtes, ichubestandenes Gelände auf die links vor uns liegende Rampe zu, die zu einem auffallend weit herunterragenden Gletscher führt. Bei etwa 4500 Metern wechselt die bisher feste Bodenbeschaffenheit. Lockerer Lavastaub erschwert das Gehen immer mehr. Der zunehmend steiler werdende, hellgrau schimmernde Hang ist von wie willkürlich hingeworfenen Steinen durchsetzt, deren Oberfläche mit blattgrünen Flechten überwachsen ist. Wie weiche Kissen verlocken sie zu immer längeren Rasten. Doch sie sind hart, als ob nichts die Steine bedeckte. Ich spüre deutlich meine Kräfte schwinden. Auch Gerd klagt über eine schlechte Verfassung. Bis 5000 Meter fehlt uns noch einiges. Der Berg ist durch den sich immer steiler aufschwingenden Vorbau verdeckt. Als wir buchstäblich mit letzter Kraft die Schulter dieses Vorbaus erreichen, steht unser Höhenmesser genau auf 5000 Meter.
Wir vergleichen nach längerer Rast die Beschreibung erneut mit der Wirklichkeit und müssen uns eingestehen, daß wir den Anstieg nicht richtig gewählt haben. Über einen breiten Talboden müßten wir hinüberwechseln auf die nächste mächtige Rampe. Eine Zeitkalkulation ergibt, daß wir unseren Plan nicht mehr ausführen können, weil uns die Zeit an diesem Wochenende zu knapp wird. Wir wollten heute bis 5500 Meter kommen und morgen den Gipfel ersteigen. Doch angesichts der Wegverfehlung und meiner mir unerklärlichen Schwäche entschließen wir uns schweren Herzens zur Umkehr. Wir steigen in den Talboden ab und versuchen, so schnell wie

möglich zum Auto zu kommen. Ich schleppe mich nur noch dahin. Ob ich wohl krank werde?
Gerd drängt auf sofortige Heimfahrt. Wegen meines Zustandes bitte ich ihn, das Steuer zu übernehmen. Wir wählen für die Rückfahrt einen anderen Weg, der uns kürzer scheint. Ich bin nur noch ein teilnahmsloser Beifahrer. Mit einbrechender Dunkelheit werden meine Kreuzschmerzen und ein bis in die Fingerspitzen gehendes fiebriges Kribbeln so heftig, daß ich mich zwischen die Rücksitze lege. Am Fahrgeschehen kann ich keinen Anteil mehr nehmen.
Kurz nach Mitternacht weckt mich ein kräftiger Ruck. Der Motor heult auf, nichts mehr bewegt sich. Ich höre Gerd im nordbadischen Dialekt leise murmeln: »Irgendwie simma jetz steggablieba.« Es werden die Wagentüren geöffnet, beide steigen vorsichtig aus. Ich kann nur noch »Scheiß-« vernehmen. Tatsächlich sind wir in ein Morastloch gefahren und sitzen mit dem schweren Toyota satt auf den Achsen im Dreck. Ich plädiere sofort für eine Übernachtung an Ort und Stelle, um mir eine weitere Marter zu ersparen. Doch Gerd findet sich mit der Lage nicht ab.
Mit Eispickeln versuchen wir, die Räder freizukratzen und Steine unterzulegen. Mir fällt jede Bewegung sehr schwer. Doch wir kriegen den Wagen weder vor noch zurück. Auch der Geländegang nützt nichts. So versuche ich erneut, für meine Idee von der Übernachtung zu werben. Doch Gerd hält mehr davon, einen Laster zu holen, der uns aus der mißlichen Lage befreit. »Wo willst du denn um diese Zeit mitten auf der Pampa einen Lkw finden?« wende ich ein. »Mal säha«, sagt er, und die beiden verschwinden. Ich lege mich todmüde auf die vordere Bank. Ich kann nur Hundegebell hören und weit weg die Lichter einer Bahnstation erkennen. Ich schätze die Entfernung auf fünf Kilometer.
Nach kurzer Zeit kommen die beiden zurück und berichten, daß im nahen Bauernhof tatsächlich ein Camión stehe. Der Besitzer habe aber auf Befragen hin gesagt, daß er keine Gasolina besitze. Ich denke, er wird wohl zu mitternächt-

licher Stunde nicht aufstehen wollen. So beschließen meine beiden Begleiter, auf die Lichter zuzugehen. Ich friere trotz Schlafsack erbärmlich, nicke später aber doch wieder ein.
Nach über einer Stunde kommt ein großer Lastwagen auf mich zugefahren. Sollten sie wirklich einen gefunden haben? Ja, sie hatten. Am fünf Kilometer entfernten Bahnhof war der Fahrer dabei gewesen, Mineralien, aus einer nahen Mine gefördert, in einen Waggon zu verladen. Nun steht er hier, bereit, den Karren aus dem Dreck zu ziehen. Wir befestigen unser Stahlabschleppseil, ein kräftiger Ruck und – ab ist das Seil. Um zwei Uhr ist der Fahrer des Lkw mit einem handfesten Ersatz wieder zurück, und schnell sind wir aus dem Dreckloch gezogen.
Gegen vier Uhr kommen wir zurück nach La Paz. Ich bin von heftigem Fieber geschüttelt. Tags darauf vermutet die Ärztin Typhus, das wird vom Labor einen Tag später bestätigt.
Mich beschäftigen noch lange einige Fragen: Was wäre gewesen, wenn wir den richtigen Anstieg gewählt hätten und ich wäre erst auf dem Berg krank geworden? Wollte sich der Teufel nicht in die Karten schauen lassen? Oder war es das Glück der Puya raimondii, das mich nun ein Jahr lang begleiten soll?
Ich glaube, es wird wohl eine Kraft aus der Höhe sein, der ich mein Leben verdanke.

Ein Opfer für die Götter

Steil ist der Pfad, den wir in stockfinsterer Nacht mehr hinaufstolpern als gehen. Die Last unserer schweren Rucksäcke drückt arg auf die Schultern. Alle atmen schwer. Gesprochen wird kaum. Jeder tastet sich mit den Sohlen der schweren Bergschuhe auf dem steinigen Boden bergan. Nur der kurze Abstand zum Vordermann ermöglicht einige Orientierung. Uns vieren aus der Stadt – einem Bolivianer und drei Deutschen – gehen zwei Indianer voran, die uns das erste Stück des Weges zum Ancohuma zeigen sollen.

Dabei hatte dieser Samstag für uns ohne die Absicht begonnen, einen Berg zu besteigen. Ich war in La Paz gerade dabei gewesen, einem Bekannten ein Bergseil, das ich für eine Bergtour ausgeliehen hatte, zurückzubringen, als er einen Telefonanruf aus der Deutschen Botschaft bekam. Eine deutsche Andenexpedition, die sich im Gebiet der beiden Sechstausender Ancohuma und Illampu aufhielt, war in Bergnot geraten. Ein Botschaftsangehöriger hatte einen Funkspruch empfangen: Eines der Expeditionsmitglieder hatte durch den Sauerstoffmangel die Höhenkrankheit erfaßt. Die Botschaft war gebeten worden, den Transport einer Sauerstoffflasche zum Ancohuma – auf eine Höhe von 5700 Metern – zu veranlassen.

Wir hatten daraufhin schnell eine kleine Gruppe von alpinistisch Erfahrenen zusammengetrommelt, das nötige Gerät besorgt und waren dann mit meinem Jeep nach Sorata, einer kleinen Stadt an der Westseite des Berges, aufgebrochen. Dort hatten wir ein Mitglied der Expedition getroffen, das uns zu der Stelle am Berg bringen soll, wo der Höhenkranke liegt. Von Sorata aus waren wir dann zu einer Mine auf 2800 Meter Höhe in ein entlegenes Tal gefahren und dort von den Mineros höchst unfreundlich empfangen worden. Sie hatten uns zunächst für Nordamerikaner gehalten und uns aufgefordert, das Minengelände unverzüglich wieder zu verlassen. Erst als wir beweisen konnten, daß einer aus unserer Gruppe vor einiger Zeit den Mineros hier bei einem Wassereinbruch im Stollen geholfen hatte, wurden sie freundlich und hilfsbereit. Auf unsere Erklärung, warum wir hierher gekommen seien, schickten sie zwei ortskundige Mineros mit, um uns den Weg zu zeigen.

Diese beiden gehen nun also unserem Hilfstrupp voraus. Nach zweistündigem Marsch zeigt unser Höhenmesser knapp 4000 Meter an. Der Mann von der Expedition meldet mehrmals Zweifel an, ob wir auf dem richtigen Weg seien. Er sei den Weg zum Basislager der Expedition in 5000 Metern Höhe schon mehrmals gegangen, sagt er, doch dieser Weg hier sei ihm unbekannt. Die beiden Mineros entkräften jedoch seine Zweifel und verweisen auf die rabenschwarze Nacht, die eine zuverlässige Orientierung nur dem Ortskundigen ermögliche. Wir setzen also unseren Aufstieg getrost fort. Bei genau 4000 Höhenmetern erreichen wir ein kleines Plateau. Das Gelände scheint von hier an flacher zu werden. Die beiden Mineros weisen uns noch die Richtung für den Weiterweg, verabschieden sich dann aber von uns, um zur Mine zurückzukehren. Deren Lichter funkeln tief unten im Tal.

Bald verliert sich der bisher immer deutlich erkennbare Weg im zunehmend dichter werdenden Ichugras. Wir irren in der Finsternis umher, kehren wieder um, verfolgen einen neuen Pfad, bis sich auch der wieder zwischen den harten Grasbüscheln verliert. Eine Stunde nach Mitternacht geben wir auf und beschließen, uns in unseren Schlafsäcken zur Ruhe zu legen. Jeder sucht sich eine möglichst bequeme Mulde, kriecht in seine Daunenhülle und zieht den Reißverschluß bis zur Nase zu. Ein unwirklich klarer Sternenhimmel spannt sich über uns, ein riesiges Zeltdach, unter dem wir dem neuen Tag entgegenträumen können. Mit dem Gedanken an meine Familie, die das Wochenende irgendwo am Titicacasee verbringt und keine Ahnung davon hat, daß ich die Nacht unter freiem Himmel hier am »heiligen« Berg Ancohuma verbringe, schlafe ich ein.

Am Morgen weckt uns die Sonne, die früh schon die schemenhaften Grasbüschel der Nacht in golden glänzende Strahlenbündel verwandelt. Als ich mich mit meinem Schlafsack aufrichte, breitet sich tief unter mir in westlicher Richtung das Tal, in dem die Mine liegt. Die Gebäude gruppieren sich eng aneinandergeschmiegt und klein wie eine Spielzeugstadt. Als ich mich umdrehe, sehe ich die mächtige Flanke der Nord-Ost-Seite des Ancohuma. Ich streife schnell den Schlafsack ab und trete dorthin, wo wenige Meter neben meinem Lagerplatz das Gelände jäh in das Tal abbricht, in dem weiter draußen auch die Mine liegt. Dieser Steilabbruch hätte uns in der dunklen Nacht leicht zum Verhängnis werden können.

Von hier oben geht der Blick frei auf die fast 4000 Meter hohe gestufte Wand, hinauf bis zum Gipfel des Eisriesen. Doch unschwer ist von hier aus auch zu erkennen, daß uns die Mineros in der vergangenen Nacht auf den falschen Bergrücken geführt haben. Gegenüber liegt die Wandflucht, die wir ersteigen müssen, um zum Basislager zu kommen. Die 2000 Meter hohe erste Wandstufe bis zum Lagerplatz erinnert mich an die Ostwand des Watzmanns über dem Königssee. Doch zwischen ihr und meinem Standplatz liegt ein 1000 Meter tiefes Tal. Angesichts der Tatsache, daß der Todkranke so schnell wie möglich den Sauerstoff braucht, den wir im Gepäck haben, packen mich Wut und Verzweiflung; Wut, daß uns die Mineros falsch geführt haben, und Verzweiflung ob der verschenkten 2000 Meter, der verlorenen Zeit im Wettlauf mit dem Tod.

Ich wecke sofort die anderen, die noch in ihren Daunen liegen. Wir entschließen uns zum direkten Abstieg über die steile, von Gras und Agaven durchsetzte Bergseite. Tief unten bildet ein gewaltig schäumender Bach den schmalen Grund des Tales. Ob wir ihn überqueren können? Nach gut einer Stunde stehen wir auf den massigen Blöcken, die am Ufer und im Bach liegen. Wir brauchen fast die gleiche Zeit wie für den Abstieg von 1000 Metern, bis wir eine Stelle gefunden haben, an der wir

mit äußerster Vorsicht und Anstrengung – und nicht, ohne ziemlich durchnäßt zu werden – die tosenden Wasser überlisten.
Nun stehen wir am Fuß der mächtigen Wand, nur etwa 200 Meter höher als die Miene, die wir gestern abend verlassen haben. Wir finden schließlich einen schmalen Steig, der durch die Wand führt und den auch die Indianer benützen, wenn sie, um zur Verehrung der Berggötter ihre Zeremonien zu feiern, hinaufsteigen zu den leuchtenden Gletschern.
Serpentine um Serpentine, mal über grasbewachsene Bänder, mal über blanken Fels, über Geröllfelder oder durch dichtes, stacheliges Gestrüpp, plagen wir uns höher. Einmal sind in eine lange, steile Felsplatte kleine Tritte gehauen. Wir versuchen, uns den Ausstieg genau zu merken, damit wir ihn beim Hinunterklettern wiederfinden können. Nur langsam vergeht Stunde um Stunde. In der zweiten Nachmittagshälfte lassen unsere Kräfte durch die zunehmende Höhe erheblich nach. Wir sind in den letzten vierundzwanzig Stunden nahezu 4000 Meter auf- und abgestiegen. Als wir schon fast bei 5000 Meter über N. N. sind, neigt sich die steile Wand etwas zurück. Wir steigen auf einen Einschnitt zu. Plötzlich liegt ein weiter, zugefrorener Gletschersee vor uns ausgebreitet. Auf einem Hügel neben ihm steht ein rotes Zelt. Wir haben das Basislager erreicht. Ziemlich genau 5000 Meter.
Eilig kommt uns ein Mann entgegen – der Expeditionsarzt. Er war zuvor – 700 Meter höher – bei dem Kranken und berichtet, daß dieser in sehr schlechter Verfassung sei und nur noch kurz atme. Der Arzt entschließt sich daher, mit dem Sauerstoff gleich weiterzugehen. Wir können ihn nur noch kurze Zeit mit den Augen verfolgen. Bald ist er in der einbrechenden Dunkelheit nicht mehr von den Felsblöcken zu unterscheiden.
Nie vorher habe ich einen derart majestätischen Berg gesehen wie den über dem Gletschersee steil aufragenden Illampu. Die steile Firnflanke des Gipfelaufbaus mutet fast senkrecht an und ist durch schmale Lawinenbahnen von oben nach unten

gegliedert. Sie schimmert im Hauch des matten Abendlichts, das ihr die untergehende Sonne gerade noch spendet. Der Berg ist von einem messerscharfen, leuchtenden und feingezackten Grat gekrönt. Nicht umsonst gilt der Illampu als der edelste aller Throne der Aymara-Gottheiten. Der Grat springt in unregelmäßigen Stufen hinunter auf einen wildzerklüfteten, flach wirkenden Gletscherbruch, dessen Einzelheiten in der Dämmerung nicht mehr auszumachen sind. Dort war das Unglück passiert. Der beste Mann der Expedition hatte vor mehreren Tagen plötzlich angefangen zu fantasieren und die anderen Expeditionsmitglieder gedrängt, trotz einbrechender Nacht noch den Gipfel des Ancohuma zu ersteigen. Als er gedroht hatte, noch alleine aufzubrechen, konnten sie ihn nur mit Mühe zurückhalten. Wichtige Gehirnfunktionen hatten bei dem Mann begonnen auszusetzen. Die Tragödie nahm ihren Lauf. Der Rückzug durch den Gletscherbruch schien nicht möglich und die Männer wechselten daher über einen vom Gipfel herunterziehenden Grat auf die andere Seite des Berges. Dort konnten sie den Todkranken nicht mehr weitertransportieren, schlugen ein Notlager auf und holten Hilfe.

Dies alles erzählt uns bei unserer Ankunft der Münchner aus dem Expeditionsteam, der den Tag im Basislager zugebracht hatte. Er bereitet uns auch noch einen wärmenden Tee, ehe wir im Zelt schnell in unsere Daunensäcke kriechen. Kaum ist die Sonne in den Horizont getaucht, ist es auch schon finster und bitterkalt. Zu fünft liegen wir im kleinen Zelt wie Ölsardinen in der Dose, wechselweise Kopf bei Fuß. Von Schlaf kann in dieser Lage kaum eine Rede sein. Mehrmals richtet sich während der langen Nacht einer jäh auf, um nach Luft zu ringen.

Im Morgengrauen stolpern wir wieder aufwärts durch die scharfkantigen Blöcke der Endmoräne. Der wildzerklüftete Gletscher ist erst schwach zu erkennen. Die blanke Eisfläche des Sees bleibt immer weiter unter uns zurück, starr und abweisend, als würde sie ein Geheimnis bergen. Nur das schwache Licht des Firmaments, das den neuen Tag ankündigt, spiegelt sich matt auf ihr wider. Doch ebenso schnell, wie der Tag in diesen Breiten erlischt, steigt er auch wieder herauf, setzt in schwindelnder Höhe erste Lichter auf Türmchen und Grate und zeichnet die Konturen des über uns liegenden Gletscherbruchs zunehmend markanter und klarer. Wir steigen zu fünft hinauf zu dem Kranken. Die Spannung zwischen Hoffnung und Verzweiflung, zwischen Rettung und Verlorensein, zwischen Leben und Tod hat keinen im Lager zurückbleiben lassen. Jeder will sein Letztes geben, um dieses Menschenleben doch noch zu retten. Je mehr wir uns dem Gletscher nähern, um so feiner wird das Moränengeschiebe, bis nur noch Sand das blanke, von vielen Gletscherbächen gefurchte Eis bedeckt. Wir durchschreiten einen langen, riesigen Eistrog. Links und rechts von uns türmen sich gewaltige Eismassen. Wir legen unsere Steigeisen an, um die Spalten leichter überspringen zu können und nicht in eine der vielen Gletschermühlen zu fallen oder in einen der Trichter zu gleiten, die die Schmelzwasser tagsüber tief ins Gletscherinnere gebohrt haben. Am Ende des Troges kommen wir an eine Felswand. Hier endet der Grat, der vom Gipfelaufbau des Ancohuma herunterzieht. Er begrenzt an einer Seite den Eisbruch. Über ihn war – etwa 500 Meter höher – der Kranke zu dem Platz transportiert worden, wo er nun seit Tagen in einem Zelt liegt. Einer von der Expedition hat seitdem bei ihm ausgeharrt.

Links von diesem Felsgrat ginge es in den Eisbruch. So weichen wir nach rechts aus. Doch auch hier haben wir es mit großen, meist heimtückisch mit Neuschnee verwehten Spalten zu tun. Die Spur, die erst gestern abend der Expeditionsarzt wieder begangen hatte, führt hier hindurch. Die Sonne brennt bereits sehr unbarmherzig in dieses Labyrinth von Mulden und Türmen. Wegen des weichen Schnees müssen wir über viele Spalten sichern und kommen so nur langsam und mühsam voran. Als sich der Gletscher etwas zurückneigt und damit die Zerklüftung geringer wird, können wir etwa

200 Meter über uns den Lagerplatz erkennen. Jemand winkt uns zu, und das stimmt uns hoffnungsvoll.
Mit äußerster Kraftanstrengung plagen wir uns Meter für Meter nach oben – viel zu schnell für die Höhe von fünfeinhalbtausend Metern, aber jeder will so schnell wie möglich wissen, wie es um den Höhenkranken steht. Das Zelt steht in eine kleine Mulde geduckt. Wenige Meter davor kommt uns der Arzt entgegen und haucht mit kraftloser Stimme: »Tot.« Schweigen. Trauer. Wortlos stehen wir vor dem halbgeöffneten Zelt, in dem der Tote friedlich ruht, als würde er schlafen. Gegen Ende der Nacht war das Leben dieses jungen Mannes zu Ende gegangen. Der Sauerstoff hatte keine Wende mehr bewirken können. Zu schwach und zu ausgezehrt war der Organismus bereits gewesen. Einer aus der Runde sagte voller Ehrfurcht: »Er war unser Bester.«
Der Freund des Toten, der vier Tage und Nächte mit ihm im Zelt gewacht hatte, ist von diesen Strapazen so gezeichnet, daß er sich nur wankend fortbewegen kann. Wir treffen Vorbereitungen für den langen Transport des Toten ins Tal. Fast 3000 Höhenmeter trennen uns von der Mine. Ohne zu wissen, was im einzelnen geschehen wird, übernimmt ein jeder ruhig eine Aufgabe. Den Toten schnüren wir in seinen Schlafsack und befestigen daran Seile zum Ziehen und Bremsen. An die Seilenden binden wir Schlaufen, in denen im flacheren Gelände vorne zwei ziehen und an steilen Hängen hinten zwei bremsen sollen. Das Perlongewebe des Schlafsacks wird wohl hoffentlich gut gleiten.
Der ungewöhnliche Leichenzug wird für uns alle zu einem endlos scheinenden Leidensweg. Vor allem, wenn wir die Hänge schräg queren müssen, folgt unsere Last allzusehr dem Gesetz der Schwerkraft und ist nur mit äußerster Mühe fortzubewegen. Ich halte eines der hinteren Seile. Im Gletscherbruch kommen wir besonders mühsam voran, weil wir viele tiefe Mulden queren müssen. Einmal werde ich durch den Sturz eines Vordermannes so sehr aus dem Stand gerissen, daß ich nach einem vollen Überschlag zusammen mit dem

verschnürten Schlafsack in eine zugeschneite Spalte fliege und bis zur Brust im Schnee stecke. Höchste Kraftanstrengung kostet uns die Fortbewegung im flacheren Gelände, wenn sich der Büßerschnee wie ein Reibeisen gegen die Transportrichtung stellt und so an den Seilen zerrt und das Schlafsackgewebe aufschlitzt. Einer der Trichter im blanken Eis, in den jetzt in der Nachmittagssonne ein tosender Schmelzwasserbach stürzt, wird einem der übermüdeten Expeditionsmitglieder beinahe zum Verhängnis. Der Mann gleitet trotz Steigeisen aus, aber glücklicherweise bremst ein in das Eis eingefrorener Stein kurz vor dem Sturz in den Abgrund wundersam die »Fahrt«. Das große Geröllfeld vor dem Gletscher vermeiden wir, indem wir auf abseits gelegene Firnrinnen ausweichen. Gegen 16 Uhr erreichen wir das Eis des Sees. Obwohl ich in den Tagen zuvor in bester körperlicher Verfassung war, bin ich nie vorher in meinem Leben so erschöpft gewesen wie jetzt. Ein Weitertransport ist für uns alle ausgeschlossen. Wir suchen einen schattigen Platz unter einem großen Granitblock und lassen – nach einem kurzen Gedenken – den Toten mitsamt den Seilen zurück. Für den weiteren Abtransport werden wir versuchen, Mineros zu gewinnen.

Wir entschließen uns, noch heute weiter abzusteigen, und gönnen uns nur eine kurze Ruhepause. Wir müssen noch vor Einbruch der Nacht die kritische Stelle erreichen, über die wir den Weg in die Wand finden wollen. Ein Mann des Expeditionsteams bleibt beim Basislager zurück.

Die Sonne steht schon tief, als wir den Lagerplatz verlassen. Wir gehen ein Steiglein bergab, das sich immer wieder im Gelände verläuft. Noch ehe wir an die gesuchte Stelle kommen, fliegen Nebelfetzen an uns vorbei nach oben und verdichten sich schnell zu einer grauen Nebelwand. Immer verzweifelter schauen wir während der einbrechenden Nacht hinter jedem Felsblock nach dem gesuchten Weg. Bald nehmen wir unsere Taschenlampen zu Hilfe, doch ihr Lichtkegel irrt vergeblich tastend über nebelgraues Blockwerk. Kalter Wind biegt das spärliche Gras bergwärts und treibt immer mehr Nebelmassen aus dem Tal zu uns herauf. Die feuchte Luft aus den warmen Tälern steigt am Abend herauf und kondensiert in den kälteren Luftschichten der Höhe sofort. Doch was nützt uns diese meteorologische Weisheit bei der Suche nach dem richtigen Weg? Schon hüllt uns stockfinstere Nacht ein, als wir auf ein Steiglein kommen, das im Bett eines kleinen Baches nach unten führt. Ich bin sicher, daß es nicht der gesuchte Weg ist. Ich halte ihn sogar für gefährlich, da ich mich erinnere, beim Aufstieg einen Bach beobachtet zu haben, der weiter unten als Wasserfall frei über eine senkrechte Wand stürzt. Doch trotz meiner Bedenken lassen wir uns von dem Steiglein immer tiefer locken. Unsere Augen haben sich schon an die Dunkelheit gewöhnt. Die Nebel lichten sich wieder. Bald können wir uns ziemlich gut orientieren. Wir überklettern einige Felsabbrüche und finden immer wieder Geländeformationen, die wir für einen Steig halten. Weit unten im Tal entdecken wir sogar ein schwaches Licht von der Mine.

»Unser« Bach wird durch viele Zuflüsse immer lebhafter und eilt bald als stattlicher Bergbach an uns vorbei in eine ungewisse Tiefe. Mit dem Lichtstrahl unserer Lampen suchen wir immer wieder neu das unter uns liegende Gelände ab. Über leichte Schrofen kommen wir tiefer und tiefer. Etwa drei Stunden haben wir uns so nach unten getastet, als das Gelände plötzlich so steil abbricht, daß wir nicht mehr wagen, es zu begehen. Auch der munter springende Bach verschwindet über eine Felsnase im Nichts.

Was tun? Wir stehen ratlos in der rabenschwarzen Nacht und wissen, daß wir uns auf diesem steilen Felsen unter uns keinen Fehltritt leisten können. Es gibt nur ein Zurück nach oben. Nach den Anstrengungen dieses Tages haben wir aber eigentlich keine Kräfte mehr. Trotzdem kehren wir nach einer kurzen Rast um und versuchen, nach links aus dieser Rinne herauszuqueren, was uns ziemlich weit oben endlich gelingt. Wir finden nach einigem Suchen eine weitere, diesmal aber trockene Rinne, über die wir ebenfalls wieder mehrere hundert Meter absteigen. Doch dann endet auch dieser Versuch wie der erste. Das Spiel wiederholt sich: Umkehr, Aufstieg, nach links queren. Wir bewegen uns ständig zwischen 4000 und 4500 Metern. Erneut finden wir eine Geländefalte, die steil nach unten führt. Nach etwa zwei Stunden nimmt die Neigung der Felsrinne ab, und wir haben berechtigte Hoffnung, daß es diesmal klappen wird. Dafür geraten wir aber in immer dichter werdendes Gestrüpp. Kniehohe Agaven setzen uns arg zu. Mit Kleidern und Haut bleiben wir mehrmals derart hängen, daß wir uns gegenseitig befreien müssen.

Bei all diesen Widerwärtigkeiten, die nicht aufhören wollen, fällt mir plötzlich ein, daß die Indianer davon überzeugt sind, daß sich die Berggötter an denen rächen, die ihnen nicht in der gebührenden Ehrfurcht begegnen. Wer sich ihnen nähert, ohne ihnen zu opfern, entweiht die Wohnstätten der Götter. War das durch die Absicht der Expedition, den Ancohuma auf einem neuen Weg zu besteigen, geschehen? Haben wir uns zu Komplizen dieser Lästerung gemacht, indem wir den Gottheiten den geforderten Tribut wieder zu entreißen versuchten?

Es ist kurz vor Mitternacht. Ursprünglich dachten wir, die Mine etwa zwei Stunden vor dieser Zeit zu erreichen. Meine Füße tragen mich fast nicht mehr. Der Durst ist unerträglich geworden. Auch das Licht von der Mine, unser bisheriger Orientierungspunkt, ist nicht mehr zu sehen. Wir bemühen uns, möglichst ohne Umwege den Talgrund zu erreichen, weil wir vom Aufstieg her wissen, daß es dort einen Weg gibt, der zur Mine führt. Mein einziger Wunsch ist, dort eine Flasche Bier zu bekommen und eine Matratze, auf der ich schlafen kann.

Nach einer weiteren Stunde treffen wir auf den ersehnten Weg, und kurz danach ist auch das Licht der Mine wieder vor uns. Es war durch einen Bergrücken verdeckt gewesen. Das gibt uns einen letzten Ansporn. Wir versuchen, den Weg zu den Minenhäusern sogar noch dadurch abzukürzen, daß wir an einer aufgeschichteten Steinmauer entlang über ein frischbestelltes Feld hinunterlaufen. Doch plötzlich schreit einer im Finstern entsetzt auf und fällt der Länge nach in das gepflügte Erdreich. Er war über eine Indianerfamilie gestürzt, die an die Mauer gekauert hier die Nacht verbringt. Wir beschleunigen unseren Lauf und fliehen vor einem Streit mit dem aufgebrachten Indianer. Mir tut unser spontaner Entschluß, über den Acker abzukürzen, nachher sehr leid, aber der Ärger, den wir diesen Menschen bereitet haben, ist in der Dunkelheit nicht mehr gutzumachen.

Doch wir werden noch in dieser Nacht empfindlich gestraft. Als wir gegen zwei Uhr zu den Hütten der Mine kommen und kräftig an die Tür schlagen, wo wir einen Schlafraum der Mineros wissen, öffnet uns niemand. Zutiefst enttäuscht kriechen wir mit ungestilltem Durst kraftlos in unsere Schlafsäcke und verbringen vor den verschlossenen Türen den Rest der Nacht.

Wir sind bereits von staunenden Männern umstanden, als wir am nächsten Morgen erwachen. Unsere Schlafsäcke haben durch den morgendlichen Tau einen dünnen Eispanzer bekommen. Wir befreien uns aus dieser Schicht wie aus einer Verpuppung. Es ist wie ein Erwachen zu einem neuen Leben, wenngleich alles an unserem Körper unerträglich schmerzt, vor allem Beine und Füße.

Wir müssen an diesem Morgen viele Fragen beantworten, obwohl auch für uns selbst noch vieles unbeantwortet ist. Die drängendste Frage ist: Wer wird uns den Toten über diese zweitausend Meter hohe Wand bringen, die uns schon ohne zusätzliche Last fast eine ganze Nacht gekostet hat? Um Schwierigkeiten möglichst zu vermeiden, hatten wir vereinbart, niemandem zu sagen, daß der zu Bergende schon tot ist. Wir sprechen zunächst mit einem der Verantwortlichen dieses Bergbauunternehmens und bitten ihn um die Freistellung einiger Mineros für etliche Tage. Er macht auch keine besonderen Schwierigkeiten, als wir uns bereit erklären, der Bergungsmannschaft Schuhe und Rucksäcke zur Verfügung

zu stellen. Alle, die für diesen Dienst eingeteilt werden, besitzen nämlich als Fußbekleidung nur Gummisandalen. Wir vereinbaren die spätere Rückgabe dieser Ausrüstungsgegenstände, doch wir erwarten nicht, daß diese Abmachung eingehalten wird. Auch einen Tageslohn vereinbaren wir. Die Verhandlungen werden jedoch immer wieder durch die Frage erschwert, ob denn der Verletzte nicht gehfähig sei und ob er denn wirklich noch lebe. Einen Toten würden sie nicht transportieren, erklären die Mineros. Jetzt kommt uns die Tatsache zugute, daß ein Teilnehmer der Expedition oben geblieben ist. Auch zwei Expeditionsmitglieder, die mit uns abgestiegen sind, werden wieder mit nach oben gehen. Auf diese Weise können wir sicher sein, daß der Abtransport wirklich erfolgt. Wir kaufen Verpflegung für alle, und die Indianer versorgen sich selbst noch mit Schnaps. Entweder trauen sie unseren Aussagen doch nicht ganz oder sie wollen wenigstens für den Fall gerüstet sein, daß der »Verletzte« unterwegs sterben sollte. Dann gewährt ihnen der Alkohol Schutz vor den bösen Geistern.
Kurz vor Mittag zieht der Bergungstrupp mit sechs Indianern und zwei Deutschen los. Wir anderen treten die Rückreise nach La Paz an. Inzwischen ist es Dienstag geworden und unsere Familien müssen seit Tagen in Ungewißheit leben. Als wir vom El Alto in die Stadt hinunterfahren, kommt das Fahrzeug eines Freundes in entgegengesetzter Richtung an uns vorbei. Eine Stunde später erfahren wir, daß er aufgebrochen war, uns zu suchen.
Am dritten Tag nach unserer Rückkehr in die Hauptstadt wird auch der Leichnam dorthin gebracht, um dann später nach Deutschland überführt zu werden. In den Tagen dazwischen hatte sich alles so abgespielt, wie es schon vorher nach den Fragen und nach dem Verhalten der Mineros zu erwarten gewesen war. Als sie nämlich bei der Ankunft am zugefrorenen See sahen, daß der Verunglückte längst tot war, weigerten sie sich zunächst, den Abtransport vorzunehmen. Zu große Furcht verbot es ihnen, das Opfer, das sich die

zornigen Götter selbst geholt hatten, zu berühren. Es kam zu langwierigen Verhandlungen der Expeditionsmitglieder mit den Mineros. Die tägliche Erfahrung über viele Generationen hat den Runa, wie sich die Indianer selbst bezeichnen, unauslöschlich ins Herz geprägt, daß die Götter in das Leben der Menschen sichtbar eingreifen. Darüber können sie sich nicht einfach hinwegsetzen, ohne ein wesentliches Stück ihrer ganzheitlichen Existenz preiszugeben, in der das Leben mit den Göttern den Alltag bestimmt und untrennbar mit ihm verbunden ist. Wer kann als »aufgeklärter« Mitteleuropäer schon die existentiellen Nöte und Ängste von Menschen verstehen, die in dieser Art die Welt deuten?

So standen sich am Eis des Gletschersees zwei Welten gegenüber, die im Grunde nicht zusammenkommen können. Doch der indianische Mensch – so wie der christliche, der jüdische oder hinduistische auch – hat Formen gefunden und Gesetze daraus gemacht, die ihm erlauben, mit menschlichen Schwächen und Erfordernissen des Alltags umzugehen, ohne dabei die Grundlagen seines Gottes- und Weltbildes zu verletzen.

Die Indianer begannen eine umfangreiche Zeremonie. Sie richteten Gebete und Beschwörungen an die Götter, besprengten sich und den Toten mit Alkohol. Sie nahmen auch mehrmals reihum einen reichlichen Schluck aus den Flaschen, denn der Alkohol genießt wegen seiner Kraft, den Menschen seiner Sinne zu berauben und ihn in ein Reich der Illusion und der Träume zu versetzen, hohe Wertschätzung. So glaubten sich auch diese Mineros hier innerlich und äußerlich geschützt vor der möglichen Rache der Götter. Wenn auch nicht ganz frei von Furcht, so packten sie doch anschließend kräftig an und bewältigten unmittelbar nach dem beschwerlichen Aufstieg den gefahrvollen Abtransport des Toten bis zur Mine ohne nächtliche Ruhepause.

Seit diesem Wochenende zwischen den Götterthronen Illampu und Ancohuma läßt mir die Frage keine Ruhe, ob denn der Mensch in seinem Forschungs- und Leistungsdrang wirklich alles darf, was er kann – oder zumindest zu können glaubt. Das Verhalten dieser Mineros hat mich sehr nachdenklich gemacht. Es ist geprägt von der Ehrfurcht gegenüber der Schöpfung, die in uns »aufgeklärten« Europäern nur noch recht verkümmert fortlebt. Gebirge wie Sportstadien oder Rennbahnen zu benutzen, in denen der Mensch seine Überlegenheit und seine Leistungsfähigkeit unter Beweis stellen kann, ist dem Indianer fremd. Für ihn sind die Berge die Glanzlichter der Schöpfung, denen ein ewiges Geheimnis innewohnt. Indianisches Denken wird uns hilfreich sein, wenn wir der fortschreitenden Entzauberung der Schöpfung entgegenwirken und die von Gott gewollte Einheit von Mensch und Natur bewahren wollen. Ob wir Berge nicht doch wieder eher erpilgern als erobern sollten?

Mit den Göttern leben

Es ist ein strahlender Samstagvormittag. Von Copacabana aus, dem vielbesuchten Marienheiligtum am Lago Titicaca, fahren wir auf einer alten Inkastraße den See entlang, um einen Platz zu suchen, der der Sonneninsel möglichst nahe liegt. Auch der Inka wird diesen Weg genommen haben, wenn er, von Cuzco kommend, an den heiligen See reiste, um auf der Sonneninsel den Sommer zu verbringen. Hier war er dem Tayta Inti, dem Vater Sonne, als dessen Abbild er sich verstand, am nächsten. Bezaubernd sind von dieser Straße die Ausblicke auf den See. Als wir einen kleinen Paß überfahren haben, tut sich uns eine Sicht auf, die uns den Atem anhalten läßt. Vor uns liegt die Landschaft wie eine Sinfonie in Braun und Blau. An einer weiten Bucht liegt malerisch das kleine Dorf Yantupata. Dahinter klettern in alter Terrassenbauweise die soeben abgeernteten Felder die steilen Hänge der Berge hinauf. Überall sind einzelne und Gruppen von Eukalyptusbäumen dazwischengestreut. In den tiefblauen See ragen kleine und große Landzungen hinaus. Darüber bindet eine Insel – fast wie ein goldbraunes, mehrgiebeliges Dach – das ganze Bild zusammen: die Isla del Sol.

Lange bleiben wir hier oben stehen und schauen, schauen, schauen. Vereinzelte Fischerboote ziehen ihre Spur in die ruhige Fläche des endlos weiten Sees. Im Süden unter der Sonne glitzert die Wasserfläche, als würden Tausende von Diamanten darauf schwimmen.

Wir fahren hinunter ins Dorf und suchen uns etwas außerhalb, nahe beim Ufer, einen Platz für unsere Zelte. Jetzt, da auf die Tagesmitte zu die hochstehende Sonne angenehm sommerliche Wärme spendet, müssen wir doch schon an den frischen Wind des Abends und an eine lange und kalte Nacht denken. Wir stellen die Zelte also an einen windgeschützten Platz, in eine von Felsen eingeschlossene Mulde. Schnell sind wir von Indianerkindern umringt, die sich für unsere Kinder ebenso interessieren wie für die Zelte. Ein kleines Indianermädchen streichelt ehrfurchtsvoll und sanft den grünen Lack unseres Autos, als wäre es Samt.

Am Bootssteg des Dorfes, wo schwere, hölzerne Kähne liegen, komme ich mit einem Fischer ins Gespräch, der dort gerade seine Netze repariert. Von ihm erfahre ich, daß nachts ausgefahren wird. Ich würde die Fischer gerne begleiten. Nach einigem Verhandeln sagt mir der Indianer, ich solle mich bei einbrechender Dunkelheit am Steg einfinden, dann würden sie mich mitnehmen.

Am Abend türmen sich mächtige Gewitterwolken über dem See. Sie stehen bedrohlich über der Sonne, die golden in den Wasserspiegel eintaucht. Ich gehe am Ufer entlang zum Steg hinüber. Fischer bringen Netze an Bord und ordnen sie, große Gaslampen werden herbeigetragen. Die Ruhe des Tages hat sich in hektische Betriebsamkeit gewandelt. Alles geschieht sehr laut. Es liegt eine Spannung in der Luft, ich spüre es deutlich. Schließlich hängt von einem guten Fischfang das Leben dieser Männer und ihrer Familien ab.

Einer der Fischer kommt auf mich zu und holt mich in sein Boot. Zwölf Kähne stehen nun zur Ausfahrt bereit. In jedes der Boote sind zwei oder drei Männer gestiegen. Wir sitzen zu viert im Kahn. Es ist fast dunkel, als sie die Schiffe vom Steg weg auf den See hinausrudern. Die bedrohlichen Wolkenbänke durchzuckt gelegentlich ein schwaches Wetterleuchten. Auf den Booten ist es ziemlich ruhig geworden, als wollten sich die Männer beim gelassenen Rudern für den großen nächtlichen Einsatz sammeln.

Ich weiß nicht, wohin wir fahren, und auch nicht, wie lange die Ausfahrt dauern wird. Aber ich will dabeibleiben, wenn diese Fischer ihre harte Arbeit tun, will ihre Furcht vor Gewitter und Sturm – wenn auch nur für einige Stunden – teilen. Ich verlasse mich ganz auf ihr Können und ihre Erfahrung.

Es ist so dunkel geworden, daß das Ufer und die dahinter aufragenden Berge nur noch in Umrissen zu erkennen sind.

Zum offenen See hin schwimmt die dunkle Silhouette der Sonneninsel im ruhigen Wasser. Vom Dorf, von dem nur noch einige matte Lichter zu erkennen sind, sind wir inzwischen mehrere hundert Meter entfernt. Die Männer haben aufgehört zu rudern und sind ganz still geworden. Nur einer steht vorne im Bug des Bootes und spricht wild gestikulierend in Aymara. Ich meine zunächst, er erteile Anweisungen an die anderen Fischer. Erst als mehrere kräftige Blitze die Szene geisterhaft beleuchten, kann ich erkennen, daß auch auf den anderen Kähnen einer im Bug steht. Etwas wird vom Wind durch die Luft gewirbelt. Es sind Cocablätter, die als Opfergabe zur Beschwichtigung der Seegötter dargebracht werden. Der Sprecher vorn beschwört gute und böse Götter oder Geister und erbittet einen guten Fang.

Plötzlich hebt lautes Geschrei an, die Boote fahren wie wild durcheinander. Doch es finden sich jeweils zwei der schweren Kähne. Die Besatzungen werfen sich ein Netz zu und befestigen es an beiden Schiffen am Heck. Unter anfeuernden Rufen beginnen sie in Richtung Ufer zu rudern. Zwischen ihren Booten schleppen sie das gespannte Netz. Ich komme mir wie ein Schmarotzer vor, weil alle anderen aus Leibeskräften arbeiten, und ich schaue nur zu. Nahe beim Ufer hören die Fischer auf zu rudern und ziehen die Netze ins Boot. Doch das Ergebnis ist enttäuschend: In keinem der sechs Netze hat sich auch nur ein einziger Fisch verfangen.

Für den Indianer des Andenraumes gehört die Zeit, neben dem Boden, zu den Gütern der Welt, die man nicht besitzen kann. Er kann Zeit deshalb auch nicht »vergeuden« oder »gewinnen« oder »vertun«. Der Indianer kann niemals »Zeit haben« oder »keine Zeit haben«. Schon gar nicht kann für ihn Zeit gleich Geld sein. Alles, was er tut oder was geschieht, geschieht zur rechten Zeit. Alles hat so seinen Sinn im Kosmos. So ist es keine Sache des Habens, sondern des Seins, wenn im Netz keine Fische sind. Jetzt ist einfach die Zeit ohne Fische. Der Andine wird also unverdrossen sein Tun wiederholen.

So auch diese Fischer. Sie rudern wieder auf den See hinaus, spannen die Netze erneut zwischen ihre Boote und schleppen sie unter wildem Geschrei gegen das Ufer. Doch das Ergebnis ist das gleiche: Die Netze sind leer.
Da werden die Boote ganz nahe zusammengerudert, und über alle Schiffe hinweg setzt ein heftiger Disput in Aymara ein. Man hält Rat. Leider verstehe ich kein Wort. Die Männer scheinen zu einem Ergebnis zu kommen. Die Mannschaft unseres Bootes bietet mir an, mich an Land zu bringen. Man habe sich entschlossen, so sagen sie mir, an die hintere Seite der Sonneninsel zu fahren. Das würde dann die ganze Nacht dauern und das wolle man mir nicht zumuten. Das immer lauter und heftiger werdende Gewitter verleiht ihrem Vorschlag, der fast schon eine Forderung ist, unüberhörbaren Nachdruck. Ich beteuere, furchtlos und unerschrocken zu sein; auch die lange Nacht würde mir nichts ausmachen, sage ich. Doch es scheint unter den Fischern beschlossene Sache zu sein: Ich muß vom Schiff.
Ich merke, daß ich nachgeben muß, und lasse mich von den Männern an Land rudern. Sie bringen mich direkt zu unseren Zelten. Es ist wohl nicht nur für ihr Boot eine Erleichterung, als ich an Land springe. Sie verabschieden sich überaus freundlich und rudern, so schnell sie können, wieder zu den anderen zurück. Ich schaue ihnen noch lange vom Ufer aus nach.
Die Ruderschläge sind längst nicht mehr zu hören und von den Gesprächen der Fischer trägt der leichte Wind nur noch vereinzelte Fetzen über die weite Wasserfläche, als ich mich vor den Zelteingang setze und meinen Gedanken nachhänge. Ich werde wohl so etwas wie der böse Geist auf dem Schiff gewesen sein, der einen erfolgreichen Fang verhinderte. Der Indianer glaubt nämlich fest daran, daß den geregelten Lauf der Zeit und der Dinge nur dämonische Kräfte stören können. Alles, was im Leben eines Indianers geschieht, hat seinen religiösen Bezug. Das war zur Zeit der Eroberung durch die Spanier so und hat sich bis heute nur wenig verändert.

Geändert hat sich allerdings seine Religionszugehörigkeit. 95 Prozent aller Indianer – und diese machen wiederum 60 Prozent aller Bolivianer aus – sind getaufte Christen. Die Religion ihrer Ahnen aber lebt durch sie weiter. Die Religion des Christentums, die ihnen die Spanier brachten, bot sich ihnen in einer Form dar, die mit den hohen Werten und Idealen indianischer Religiosität ebensowenig vereinbar war wie mit ihrer Lebenswirklichkeit. Der Inka Atahuallpa soll dem Eroberer Pizarro gesagt haben, als dieser ihn aufforderte, das Christentum anzunehmen: »Unsere Gottheiten sind gut für uns, und ich bezweifle nicht, daß es die euren auch für euch seien ... Aber ich schulde keinem Menschen Tribut. Euer König mag groß sein, ich zweifle nicht daran und will ihn deswegen wie einen Bruder behandeln ... Was den Papst angeht, so muß er ein Narr sein, daß er Reiche verteilen will, die ihm nicht gehören. Meine Religion will ich nicht aufgeben.«
Ted Poole beschreibt die Unterschiede der beiden Religionen im Buch »Begegnung zweier Kulturen – Indianer und Weiße« (1982) so:
»Die traditionelle christliche Religion Europas war (und ist noch) eine gelegentliche Sache, untrennbar an einen von sieben Tagen, den Sabbat, gebunden. Das Leben des christlichen Gläubigen war (und ist) eingeteilt in weltliche Tätigkeiten und religiöse Beachtungen. Und wenn auch von den besten Elementen des Klerus immer gehofft wurde, daß die religiösen Beachtungen sich auf weltliche Tätigkeiten auswirken würden, so gab es doch immer ein geschriebenes Einverständnis zwischen der Kirche und ihren Anhängern über gegenseitige Toleranz und den Nutzen der diversen Interessen. In der Praxis hat die Kirche ihren Anhängern gestattet, daß sie sich vor allem der Habgier und der Ansammlung von Reichtümern widmeten, und hat sich damit zufriedengegeben, ihre Hingabe an Gott als zweitrangig hinzunehmen, solange er nur angemessen mit Dollars und Cents verehrt wurde.

In Einzelheiten variiert die indianische Religion von Stamm zu Stamm, aber in den wesentlichen Zügen bestand eine überraschende Übereinstimmung. Für alle Indianer war Religion etwas Ganzzeitliches, war tatsächlich der Heilige Weg des Lebens. Durch Religion und mit Religion wurde jede Handlung im Leben bestimmt, erhielt sie ihren Sinn und war gesegnet. Niemals war Religion eine Theorie oder noch viel weniger eine doktrinäre Theologie, sondern so praktizierbar wie Essen und Trinken; so praktizierbar und so notwendig, daß der Mensch ohne Religion sterben würde.«

Auf dem Gebiet der Religion liegt wohl der tiefstgreifende Grund für die bis heute anhaltenden Differenzen zwischen Indianern und Europäern. Für den Europäer war und ist die Richtschnur seines Handelns das »Haben«, für den Indianer ist es das »Sein«. In der indianischen Religion bildeten Anspruch und Wirklichkeit eine Einheit. Das Leben des Indianers war fühlbar eingebunden in die Schöpfung, er wußte sich als Teil von ihr und dadurch untrennbar verbunden mit dem Göttlichen. Das bestimmte sein Handeln, hielt ihn in frommer Scheu zurück, über Dinge Macht haben zu wollen, die ihm nicht zustand. Von dieser Ehrfurcht hing sein Ansehen ab.

Auch das Christentum hat als hohes Ideal das Sein über das Haben gestellt, die Christen jedoch ließen stets zu, daß ihr Ansehen mit der Größe ihres Besitzes stieg. So hat der Indianer den Europäer immer als einen erlebt, der sowohl den fremden Idealen der indianischen Religion als auch den eigenen Idealen des Christentums zuwiderhandelte. Der Europäer ist für ihn das Sinnbild des Inbesitznehmers, des Ausbeuters, des areligiösen Menschen. Die Indianer, ob sie nun Bauern oder Bergarbeiter sind, mußten stets mitansehen, wie selbst katholische Priester, die sich für indianische Belange einsetzten, bis vor wenigen Jahren noch von den kirchlichen Oberen Boliviens immer wieder an ihrer Arbeit gehindert oder zum Schweigen verurteilt wurden. Machtpolitik und Kirche waren eine unselige Ehe eingegangen, die erst um die Mitte dieses Jahrhunderts in die Krise kam.

Haben beschränkt sich auf das Notwendigste

Politik und Kirche hatten eindeutig europäischen »Charakter«. So brauche ich mich an diesem Abend nicht zu wundern, daß ich als Europäer der böse Geist bin, der die harte und überlebensnotwendige Arbeit der Fischer stört. Freundlich, aber bestimmt hat man mir gesagt, daß ich der Fremde hier am Titicacasee bin.

Am frühen Morgen des folgenden Tages werde ich durch lautes Rufen geweckt. Der Fischer, der mich gestern mitgenommen hatte, kommt soeben von der nächtlichen Ausfahrt zurück. Er ist allein im Boot und rudert auf den Steg zu. Er bittet mich, dorthin zu kommen, denn er will mir etwas zeigen. Er macht seinen Kahn fest und steht strahlend in der Mitte des Schiffes. Stolz zeigt er auf den reichen Fang, der das Boot in seiner ganzen Länge füllt. Auch die anderen Fischer, die noch nicht zurück sind, seien ähnlich erfolgreich gewesen, erzählt er. Alle haben Chispis gefangen, silbrig glänzende, fingerlange Fischchen, aus denen Fischsuppe zubereitet wird und die auch als Heilmittel gegen Kopfschmerzen gut sein sollen. Auf großen Planen werden sie am nahen Fußballfeld zum Trocknen ausgelegt, ein Teil von ihnen wird geräuchert.

*

Einige Monate später bin ich mit meinem Freund Helmut Hehenberger wieder hier. Wir wollen mit dem Faltboot die Insel umrunden. Als wir am Strand das Gerippe des Bootes aufgebaut haben, über das später die gummierte »Haut« gezogen wird, mögen die uns beobachtenden Indianer nicht glauben, daß wir damit vom gefährlichen See jemals wieder zurückkehren werden. Sie wollen uns mit ihren Kähnen auf die Insel rudern. Ob es wirklich die Sorge um unser Leben ist, oder ob sie sich nur einige Pesos verdienen wollen? Ich weiß es nicht.

Der Urwaldforscher Hans Ertl, der seit langem in Bolivien lebt, war vor vielen Jahren schon einmal mit dem Faltboot um die Insel gefahren. Ihn wird es wie uns gereizt haben, ein Boot zu benutzen, das in seiner Form und Größe den Schiffchen aus Totora-Schilf ähnlich ist, die die Indianer – heute wie zu allen Zeiten – selbst für den Fischfang bauen.

Wenn wir von hier aus um die Sonneninsel fahren wollen, haben wir eine Strecke von etwa sechs Kilometern zurückzulegen. Der See ist ziemlich ruhig, als wir am frühen Vormittag aufbrechen. Wir steuern die Leeseite der Insel an. Der Wind bläst mäßig aus nördlicher Richtung.

Bald hundert Meter hoch ragt der Felskamm der Insel aus dem Wasser. Er hat eine Länge von zwei Kilometern. Für die Inka, aber auch schon für die vorinkaischen Aymara, hatte die Insel eine große religiöse und mythologische Bedeutung. Die Aymara nannten sie nicht nur Inti Wat'a, was soviel heißt wie »Insel der Sonne«, sondern sie gaben ihr auch den Namen, nach dem heute der ganze See benannt ist: Titikaka. Jorge Miranda Luizaga übersetzt dieses Wort in seinem Buch »Das Sonnentor« mit »Silbriger Puma«. Diese Bezeichnung kommt wohl daher, daß die Insel in Vollmondnächten wie ein ausgestreckter Puma dunkel in der silbrig glänzenden Fläche des Sees liegt. Der weiter östlich gelegenen Nachbarinsel gaben sie den Namen Quati Wat'a, Mondinsel.

Eine Unzahl von Legenden und Mythen rankt sich um die beiden Eilande. So sind nach dem Glauben der Andinen auf der Sonneninsel vom Schöpfergott Viracocha Sonne und Mond erschaffen worden. Auch soll von dieser Insel aus der Sonnengott zum Himmel emporgestiegen sein und dabei einen Fußabdruck im Felsen hinterlassen haben. Eine Sage weiß auch zu berichten, daß einst lange Zeit kein Licht auf Erden gewesen, bis die Sonne golden glänzend aus der Insel aufgestiegen sei. Ihr zu Ehren hatte man auf der Insel einen Tempel errichtet und ihm Jungfrauen, Priester und reiche Schätze zugeteilt.

An dieser Insel paddeln wir nun entlang. Mächtige Felswände steigen aus dem Wasser auf und machen sie auf weite Strecken unzugänglich. Hinter einem gewaltigen Vorsprung streckt sich schließlich eine ruhige, weite Bucht hin. Über dem flachen, weißen Sandstrand steigen gepflegte Terrassenfelder bis an die Kammlinie der Insel auf. Es ist keine Behausung zu sehen. Nur Mauerreste eines verfallenen Bauwerkes sind, eingebettet in die abgestuften Terrassen, zu erkennen. Das muß der Sonnentempel gewesen sein, eines der bedeutendsten Heiligtümer der Inka.

Wir legen unser Boot in den Sand und steigen zu den Ruinen hinauf. Wohlige Wärme liegt in der Bucht. Der See mit seiner stets gleichen Temperatur von sechzehn Grad spendet allen seinen Inseln klimatische Vorzüge im Vergleich zum Festland. Hier ist ein besonders geschützter Platz. Es gedeihen Agaven und Kakteen, wir sehen Schmetterlinge und sogar Kolibris.

Durch eine Türöffnung, die von zwei Mauerscheiben und einer über sie gelegten Steinplatte gebildet wird, treten wir in das Ruinenfeld ein, durchschreiten von Stufe zu Stufe Raum für Raum, steigen über verfallene Mauern und Treppen und haben immer wieder den Ausblick auf die Weite des Sees. Keiner der Räume hat mehr eine Bedachung. Auch läßt sich nicht erkennen, wozu sie einst dienten. Selbst die Archäologen wissen noch wenig über diesen Ort. Vieles der einstigen Größe inkaischer und präinkaischer Kulturen liegt bis heute im Dunkeln, denn es wurde noch wenig geforscht. Auch scheint das Interesse der Touristen und der sie befördernden Unternehmen an diesem abgelegenen Gemäuer gering. Obwohl ein strahlender Sonntag ist und von Copacabana aus sicher viele Motorschiffe die Insel erreichen, sind wir hier ganz allein.

Dieser Platz atmet etwas von der Größe und Erhabenheit des einstigen Reiches des Inka. Hier kann man wirklich der Sonne am nächsten sein. Hier wuchs auf eigens vom Festland herbeigeschafftem Mutterboden der heilige Mais, der sonst nirgends auf dem Altiplano gedeiht. Die Maiskörner von der Insel wurden als Gabe des Sonnengottes in den Gärten der Klöster und Sonnentempel ausgesät. Daraus gesprossener Mais sollte die Menschen vor Unheil bewahren und wurde deshalb in die öffentlichen Vorratsspeicher gestreut.

Der Blick von hier oben ist überwältigend. Im Nordwesten ist das gegenüberliegende Ufer nicht zu sehen. Es ist durch die Erdkrümmung hinter dem Horizont untergetaucht und läßt den See als endloses Meer erscheinen. Wir fühlen uns wie Verlorene im unendlichen Kosmos. Nur das unten am Strand liegende Boot zeigt uns an, daß wir zurückkehren werden in die Wirklichkeiten der Welt.
Eine halbe Stunde später biegen wir mit dem Boot um die nördliche Spitze der Insel. Trotz der vorgelagerten kleineren Inseln trifft uns hier der um die Mittagszeit von der Königskordillere heftig wehende Nord-Ost. Wir müssen unsere ganze Sorgfalt aufwenden, um nicht von einer der großen Wellen umgeworfen zu werden, und all unsere Kräfte sind gefordert, damit wir überhaupt vorwärts kommen. Solange wir die entgegenkommenden Wellen senkrecht anschneiden, sind die Gefahren noch gering, als sie aber schräg von vorn kommen, kämpfen wir angespannt gegen jede einzelne Welle. Wir könnten an der windabgewandten Seite auch wieder zurückpaddeln, aber die Angst, bei einem Wendemanöver könnte unser Boot breitseitig erwischt und umgeworfen werden, hindert uns am Umkehren. So kämpfen wir verzweifelt gegen die Elemente, haben aber lange Zeit den Eindruck, als würden wir nicht vorwärtskommen.
Glücklicherweise läßt nach einiger Zeit der Wellengang etwas nach. Bei strahlendem Sonnenschein haben wir soeben die Gefährlichkeit dieses Sees erlebt, die schon manchem zum Verhängnis wurde. Wir verstehen gut, daß die Indianer fest daran glauben, daß sich der heilige See immer wieder seine Opfer unter denen holt, die diesen heiligen Ort zu wenig ehren und nicht in Ehrfurcht mit ihm eins sind. Wen wundert es daher, daß die wenigen Bewohner dieser Insel inkaischen Traditionen eng verbunden sind und ehrfürchtig ihren alten Göttern opfern, obwohl sie getauft sind?
So ist es wohl kein Zufall, daß das besonders unter Indianern hochgeschätzte Marienheiligtum Copacabana unweit von hier am Ufer dieses Sees liegt. Nach dem Verständnis der

einstigen christlichen Missionare war hier die Verwandlung der heidnischen Gottheiten besonders nötig gewesen. Maria, die Siegerin über Huari, den Teufel des Altiplano, sollte wohl auch hier helfend eingreifen. Aber die Indianer nehmen in ihren Ängsten und Nöten ihre Zuflucht zu ihr, ohne dabei ihre alten Götter zu vergessen. Die Kirche heute ist gut beraten, wenn sie durch ihre liturgische und pastorale Praxis die Religion von einst mit dem Christentum zusammenführt. Leider ist diese Verbindung zum Schaden der Indianer – und der Kirche – viel zu lange außer acht gelassen, ja mißachtet worden. Europäischer Hochmut und christliches Sendungsbewußtsein haben viel Unheil angerichtet, als sie glaubten, es gäbe nur einen abendländischen Weg zur Seligkeit.

Der bei Copacabana hoch über den See aufragende Kalvarienberg, auf den wir jetzt direkt zupaddeln, ist ein weithin sichtbares Symbol für den Synkretismus von indianischer und christlicher Religion. Seit vielen Jahren findet auf dem Gipfel dieses Berges jeden Samstag ein katholischer Gottesdienst statt, in den die einfachen Bauern und Fischer ihre jahrhundertealten Zeremonien integrieren können. Vielleicht hat der dort oben mögliche äußere auch einen inneren Weitblick bei einem der Missionare bewirkt. Eigentlich hätte schon immer ein Blick in die europäische Kirchengeschichte genügt, um den Weg für synkretistisches Denken auch unter den Indianern zu ebnen. Gäbe es wirklich, um nur ein Beispiel zu nennen, das Weihnachtsfest in der jetzigen Form ohne die Begegnung von Christen mit germanischen »Heiden«? Überheblichkeit war wohl nie geeignet, die Welt ein Stück weiterzubringen – auch hier nicht, bei den getauften »Heiden« am heiligen »See des silbrigen Puma«.

Ein etwas ungewöhnlicher Jahresschluß

Fünf Wochen bin ich mit meiner Familie im Urlaub durch Chile gereist. Seit unserer Abfahrt in La Paz sind wir fast genau 10 000 Kilometer gefahren. Heute früh haben wir im chilenischen Arica am Meer unser Zelt abgebrochen. Jetzt plagt sich unser Jeep eine peruanische Paßstraße hinauf. 4000 Meter haben wir sicher schon überschritten. Es ist früher Nachmittag. Bis zur Paßhöhe der Cordillera de Pacajes sind es noch knapp 1000 Höhenmeter. Vor etwa einer halben Stunde haben wir das Städtchen Tarata passiert und hoffen, am späten Abend in Puno am Titicacasee zu sein. 250 Kilometer trennen uns noch von dieser Stadt.

Wie ein Condor, der geschickt den Aufwind nützt, werden wir immer höher hinaufgetragen. Den Zauber der Höhe haben wir lange nicht genossen in Chile. Weit unter uns liegt Tarata, das wohlgeordnet einen Bergrücken bedeckt, fast am oberen Rand der Stadt die quadratische Plaza, reich bepflanzt mit blühenden Bäumen und Sträuchern, erkennbar die breiten Stufen hinauf zur Kirche, deren beide Türme alles beherrschen. Das Plazaquadrat setzt sich nach allen Seiten über den ganzen Ort hin in vielen gleich großen Quadraten fort, bis sich die strenge Struktur in den Randzonen wie ein Spinngewebe verläuft. Bis in die kleinsten Dörfer der Anden hat die planerische Strenge der Spanier den Charakter der Orte bestimmt.

Doch was ist das? Plötzlich stottert der Motor des Wagens. Noch einige hilflose Versuche mit dem Gaspedal, dann lenke ich den Wagen in eine als Ausweiche dienende Nische. Hier stehe ich nun voller Verblüffung und tue zunächst so, als würde ich etwas von Autos verstehen. Bei geöffneter Motorhaube denke ich erst einmal an Keilriemen und Zündkerzen. Die Überprüfung beider ergibt keinen erkennbaren Schaden. Vielleicht ist der Verteiler schadhaft, vielleicht auch die Zündspule? Mein Laienmechanikerverstand läßt eine

Überprüfung nicht zu. Und mit der Autoelektrik hatte ich mich ohnehin nie anfreunden können. Ich sinniere, ob ich nicht doch vor all meinen Reisen besser einen Pannenkurs absolviert hätte. Doch so werde ich den Schaden nie finden. Mein Blick geht – diesmal besorgt – erneut hinunter nach Tarata. Ich schätze, es werden 400 Höhenmeter sein. Soll ich den Wagen hinunterrollen lassen? Würden die Bremsen das aushalten, mit zwei Erwachsenen, fünf Kindern und all dem Gepäck? Vielleicht sollte ich es in Etappen wagen! Ich denke und sinniere, grüble und zweifle – wohl eine halbe Stunde.

Da höre ich weit über uns Motorengeräusch. Wenn die Kurven der Paßstraße um eine Bergnase führen, kann ich das Gebrumm lauter vernehmen. Sichtbar sind nur gelegentlich Staubfahnen, die der schwache Wind gemächlich davonträgt. Noch ist nicht auszumachen, in welche Richtung der Wagen überhaupt fährt. Bald aber fliegt eine Staubwolke eindeutig unter der vorherigen. Er kommt also herunter. Als die dunkelblaue Camioneta die letzte Kurve vor uns genommen hat und direkt auf uns zurollt, erkennen wir, daß sie eine Nummer aus La Paz trägt. Hoffentlich hält er auch, denke ich Europäer in meiner Verzweiflung.

»Que pasa?« sind seine ersten Worte, als der Fahrer nach einer heftigen Bremsung seine Wagentür zuwirft. Ja, wenn ich nur wüßte, was fehlt! Ob er mir denn helfen könne und ob er was verstehe von Autos, frage ich. Er lächelt und sagt, er sei Autoelektriker und habe in La Paz ein Geschäft. Eine Minute später ist die Diagnose gestellt: Riß am Zündspulgehäuse. Beim Bedienen des Anlassers ist der Überbrückungsfunke deutlich zu sehen. »Und die Therapie?« frage ich ängstlich. »Nur eine neue Zündspule kann helfen«, urteilt der Fachmann. »Die werden Sie in Tarata nicht bekommen«, meint er, »da müssen Sie schon bis Tacna fahren.« Ich mag das nicht glauben. Tacna ist weit, fast eine Tagesreise auf staubiger Straße.

Ich hoffe noch auf eine andere Lösung. Ich will es in Tarata versuchen. Zunächst interessiert mich die Frage, wie ich den Jeep auf der schmalen Paßstraße wenden kann. Einige hundert Meter lasse ich ihn rückwärts rollen, bis mir ein flaches, bergseitiges Grasstück das Wenden erlaubt. Wie oft hatte ich schon über die Erdanziehung gemurrt! Jetzt, da sie mich nach Tarata hinunterzieht, ist sie mir mehr als willkommen. Die letzten paar hundert Meter zur Plaza führen bergauf, da bin ich auf die Schlepphilfe des Bolivianers angewiesen. Direkt vor den breiten Stufen, die zur Kirche mit den beiden Türmen hinaufführen, klinkt er das Abschleppseil aus und setzt seine Reise fort, als wäre nichts gewesen. »Hier stehe ich, ich kann nicht anders. Gott helfe mir!« fällt mir da ein. Kann ich wirklich nicht anders?

Ich beginne, mich nach einem Ersatzteillager durchzufragen, nach einer Toyota-Werkstatt oder nach einer Werkstatt überhaupt. »Hier werden keine Autos repariert«, sagt man mir. Ich kann nicht glauben, daß Tarata mit schätzungsweise 5000 Einwohnern keine Autowerkstätte haben soll. Doch all mein Bemühen ist tatsächlich vergebens. Überall werde ich auf Tacna verwiesen.

So richte ich mein Interesse auf ein Nachtquartier für Frau und Kinder und auf die Busverbindung nach Tacna. Knapp 100 Kilometer liegt es in Richtung Arica, woher wir heute gekommen sind. In den wenigen Hotels und Gasthäusern der Stadt bekomme ich die gleiche Antwort: Wegen eines einwöchigen Lehrerkongresses überbelegt! Es gibt also nicht nur keine Reparaturwerkstätte, es ist auch kein einziges Bett frei in dieser Stadt. Uns bleibt nur die Alternative »Hotel Plaza – Marke Toyota«, Zimmergröße: dreieinhalb Quadratmeter für sieben Personen.

Da erfahre ich, daß der Bus nach Tacna noch am gleichen Abend um 20.15 abfährt. Mir bleiben noch zwei Stunden bis dahin. Sorgenvolle Gedanken quälen mich: Nachtfahrt im überfüllten Bus – Kälte und Staub – morgen ist Silvester und Samstag dazu – wird da der Toyota-Laden geöffnet sein? – wird es überhaupt eine Zündspule geben? Ich stelle mich auf

eine Mehrtagestour nach Tacna und meine Frau Anni stellt sich auf ein »Prosit Neujahr!« auf der Plaza von Tarata ein. Die Lage ist ziemlich trostlos. Das einzige, was tröstet, ist die vage Hoffnung, daß es erstens anders kommt und zweitens als man denkt. Doch was soll da noch groß anders kommen? Inzwischen hat sich um unseren Jeep eine Traube peruanischer Kinder gebildet, die mit unseren Blondschöpfen Kontakt aufnehmen. Es beginnt langsam zu dämmern, und viele Erwachsene sitzen auf den Kirchenstufen, um die dort tagsüber »versteinerte« Wärme zu nützen. Aus purer Verzweiflung öffne ich erneut die Motorhaube, klemme Kabel um und probiere das Starten. Vergeblich! Kinder strecken zuhauf ihre Köpfe unter die Blechhaube, um dieses Wunderwerk der Technik von innen zu sehen.
Auch ein junger Mann beobachtet meine Versuche. Ich bemerke ihn erst, als er fragt, was denn fehle. »Die Zündspule ist kaputt«, sage ich. »Welche Voltzahl hat die Spule?« »Zwölf. Doch warum fragen Sie?« »Ich glaube, die Spule in meinem Auto hat auch zwölf Volt«, sagt der Mann und verschwindet. Ich bin unsicher und frage die Umstehenden, ob sie wüßten, wo der Mann wohne. »Nicht weit«, sagen sie. Einige Minuten treibt es mich um zwischen Verzweiflung und Hoffnung.
Nach einer Viertelstunde – ich überlege bereits, ob ich nicht schon zum Bus gehen soll – steht der Mann wieder inmitten der Kinder und hält ein kleines verschmutztes Gerät in der Hand. Aufschrift: »12 Volt«.
Ach, wie bin ich schon geübt im Abklemmen der Kabel und im Lockern der Halterungsschrauben. Die Halterung der Ersatzspule paßt nicht genau, doch es geht. Nervös und in äußerster Spannung klemme ich die Kabel an. Ich starte und die Kinder rufen: »Hurra, er läuft!« Ich umarme den Mann und kratze soviel Soles zusammen, daß sie den doppelten Wert einer neuen Spule ausmachen. Er strahlt und ich sicher noch mehr. »Gelegentlich«, so meint er, »werde ich mir in Tacna eine neue besorgen. Chau!«

Es ist schon fast finster, als wir Tarata mit Freudengehupe verlassen. Seine Lichter werden immer kleiner in der endlosen Weite des südperuanischen Berglandes, das mehr und mehr im Dunkel versinkt, während wir Kehre um Kehre der Paßhöhe zustreben.
Auf einem fast gerade verlaufenden Straßenstück, das gleichmäßig ansteigend einen steilen Hang quert, kommt uns in flotter Fahrt ein Lastwagen entgegen. Die Straße ist nicht breit genug für zwei Fahrzeuge. Folglich erwarte ich, daß der Bergabfahrende ausweicht und anhält. Doch auch hier ist die Regel nur gut, solange sie befolgt wird. Ich schaue nach rechts, nehme in Sekundenbruchteilen die weit unter uns funkelnden Licher Taratas wahr, während sich uns der buntbeleuchtete Lastwagen nähert. Ich fahre ganz an den rechten Fahrbahnrand, der durch die Arbeit des Straßenhobels etwas erhöht ist, wodurch sich der Jeep leicht der Fahrbahnmitte zuneigt, und halte ruckartig an.
In diesem Moment versucht der Fahrer des Lkw laut fluchend an uns vorbeizukommen. »Der muß besoffen sein«, denke ich blitzschnell. Auch dieses Fahrzeug neigt sich der Fahrbahnmitte zu, da es mit den rechten Rädern auf der ansetzenden bergseitigen Böschung fährt. Ein lauter Knall und ein heftiger Ruck erschrecken uns. Der Jeep-Dachständer und der hohe Lkw-Holzaufbau haben sich heftig ineinander verklemmt. Der Fahrer hebt ein lautes Gebrüll an und befiehlt den zahlreichen zwischen seiner Ladung stehenden und liegenden Fahrgästen, den Lkw von unserem Fahrzeug wegzudrücken. Doch ist es sinnlos, das beim Gewicht dieses Gefährts zu versuchen.
Nüchternes Überlegen ist jetzt gefragt. Ich steige über unsere Beifahrertür aus und sehe, daß ich rechts keinen Zentimeter zu verschenken habe. Der Abhang beginnt direkt neben den Rädern. Abrutschen wäre für alle im Jeep tödlich. Ich bitte den Lkw-Fahrer flehentlich, den Motor abzustellen. Ich möchte so das Risiko verringern, das durch die Unberechenbarkeit des Angetrunkenen droht. Murrend kommt er meiner

Bitte nach. Ich verständige mich mit Anni darauf, daß ich auf den Dachständer klettern und versuchen werde, den Jeep vom Lkw wegzudrücken. Anni soll unter Zuhilfenahme des Geländeganges stückweise weiterfahren. Doch ihre Aufregung ist groß und der Umgang mit dem reduzierten Getriebe ungewohnt. So kommt es zu mehreren kräftigen »Bocksprüngen«, die mich fast vom Autodach werfen. Wir sind glücklich, als das zentimeterweise Vorbeimogeln nach mehreren Unterbrechungen gut überstanden ist. Dankbar erheben wir unsere Augen nach oben, wo sich inzwischen ein strahlender Sternenhimmel über uns spannt.

Den höchsten Punkt des Passes haben wir längst überfahren, da kommt in unseren Scheinwerferkegel ein Stein mit der Aufschrift »Gasolina«. Weit und breit ist jedoch keine Tankstelle zu sehen, nur vor dem Stein biegt ein kleiner Weg nach links in das Gras. Ich halte an, kurble die Scheibe nach unten und kann in der Dunkelheit die Umrisse einiger Häuser erkennen. Da wir Treibstoff benötigen, um bis Puno zu kommen, fahre ich auf die Häuser zu. Im Lichtkegel kann ich neben einer Tür einige Fässer erkennen. Ganz nahe bei den Fässern halte ich an und klopfe an die Tür.

»Entra!« höre ich eine Frauenstimme antworten. Ich betrete einen rechteckigen, düsteren Raum. Im dürftigen Kerzenschein kann ich zwei Indianerfrauen erkennen, die an einem Tisch in der Raummitte sitzen. »Buenas noches«, grüße ich. Doch am Gemurmel der Antwort merke ich, daß hier nicht Spanisch gesprochen wird. Wir haben einige Mühe, uns darauf zu verständigen, wieviel Treibstoff ich für das Kleingeld bekommen kann, das ich noch habe. Es reicht gerade für knapp zwanzig Liter. Größere Scheine können nicht gewechselt werden. Eine Überzahlung kann ich mir nicht mehr leisten, da unsere Geldvorräte knapp geworden sind. Unter Scheinwerferbeleuchtung wird das Benzin aus einem Faß über einen Schlauch in einen Blechkanister gesaugt und dieser dann auf die gleiche Weise in den Fahrzeugtank geleert. Mit diesem Vorrat hoffen wir, bis Puno zu kommen.

Es wird eine schier endlose Fahrt, bergauf und bergab, über Pässe und durch Täler, vorbei an vereinzelten Häusern und stockfinsteren Dörfern. Das Fahren durch die finstere Nacht ist anstrengend und ermüdend. Auf diesem Kontinent sind die Straßen schlecht und die Strecken unbarmherzig lang. Meine Uhr zeigt kurz nach zwei Uhr. Ich denke, daß wir gegen drei Uhr früh in Puno sein werden.

Halt, was ist da? Ich bremse voll und bringe den Wagen auch schnell zum Stehen, während uns die eigene Staubwolke überholt. Ich hatte einen schwarzen Schatten quer über der Straße gesehen, von dem ich mir nicht denken kann, was er bedeutet. Als sich der Staub verzogen hat, sehe ich, daß die Straße vor uns plötzlich zu Ende ist und erst nach etwa zehn Metern wieder weitergeht. Hier muß also wohl einmal eine Brücke gewesen sein, die vielleicht während der letzten Regenzeit oder schon früher verschwand. Ich muß eine Umleitung übersehen haben, die um diese Stelle führt. So war es denn auch. Ohne jedes Warnschild oder sonst eine Absperrung führt die Umleitung zwanzig Meter vor dem Straßenabriß die Böschung hinunter, um nach dem Bach drüben den Anschluß wieder zu finden. Das weiß man eben hier! Wer es nicht weiß, riskiert einen Salto Mortale.

Kurz nach drei Uhr liegen vor uns plötzlich die Lichter von Puno. Es wird auch höchste Zeit, denn die Benzinuhr steht schon seit einiger Zeit auf Null. Nach den ersten Häusern der Stadt kommen wir auf eine asphaltierte Avenida, die leicht bergab zum Titicacasee führt. Wie angenehm ist es doch, nach stundenlangem Geholpere wieder auf befestigter Straße zu fahren. Es ist, als ob wir fliegen würden.

Doch das Vergnügen währt nur ganz kurze Zeit. Das Benzin ist zu Ende, und nur der Schwung und das Gefälle lassen uns noch langsam weiterkommen. Ich springe aus dem Wagen und halte durch Mitlaufen und Schieben das Fahrzeug in Fahrt. Doch die Kraft läßt schnell nach. Die Höhe raubt mir den Atem. Am Ende der Avenida biege ich nach links in eine Querstraße ein, die ins Zentrum von Puno führt. Der Jeep rollt

noch bis kurz vor eine hellerleuchtete Kaserneneinfahrt. Der »Triumphbogen« über dem großen Tor weist sie als Standort einer peruanischen Marineeinheit aus, die am Titicacasee stationiert ist.
Ich hoffe, daß ich hier wenigstens einen Liter Treibstoff bekommen kann, um noch bis zum nahen Hotel zu kommen. Sofort tritt ein bewaffneter Wachposten auf uns zu und fragt, was wir hier wollten. Ich erkläre ihm unsere Lage und daß wir Treibstoff kaufen möchten. Wir versprechen ihm gute Bezahlung. »Ich glaube nicht, daß sie hier Gasolina bekommen können, aber ich werde den diensthabenden Offizier fragen.« Er verschwindet im Portal, nicht ohne vorschriftsmäßig zu salutieren.
Hier stehen wir also mitten in der Nacht und können wieder einmal nicht weiter. Wollen denn die Schwierigkeiten bis Jahresschluß gar kein Ende nehmen? Heute ist bereits Silvester. An diesem Tag wollten wir spätestens wieder zurück in La Paz sein.
Da kommt der Offizier entschlossenen Schritts, grüßt militärisch, als wären wir eine Abordnung des Verteidigungsministeriums, und fragt nach unserem Verlangen. »Können Sie uns wenigstens einen Liter Benzin verkaufen?« frage ich höflich. »Nein, das geht beim besten Willen nicht«, antwortet der Peruaner sehr freundlich. Er besieht sich das Fahrzeug von vorn und von hinten und schaut auch in das Innere. Vier Kinder schlafen ruhig auf den Rücksitzen, die wir zusammen mit einem Koffer zu einem richtigen Bett ausgebaut haben. Eines schläft im Arm meiner Frau. So ein Anblick erweicht das Herz eines Latinos.
»Benzin kann ich Ihnen nicht verkaufen«, bestärkt er noch einmal, »aber ich kann Ihnen einen Mann abstellen, der ihr Fahrzeug bewacht. Sie können beruhigt ins Hotel gehen.« Auf alles, nur auf dieses Angebot waren wir nicht gefaßt. Anni ist genauso verdutzt wie ich. »Wie weit ist es bis zum Hotel Turista?« erkundige ich mich. »Etwa zehn Minuten. Sie können am Morgen ruhig länger schlafen.«

Wir nehmen das Angebot an und wecken die Kinder. Das Gepäck nehmen wir vom Dachständer und verstauen es im Wagen. Inzwischen hat ein Soldat, wohl indianischer Abstammung, vor unserem Fahrzeug Aufstellung genommen. Nur mit Waschzeug und Schlafanzügen ausgerüstet machen wir uns auf den Weg ins Hotel. Unterwegs müssen wir den Kindern immer wieder den Sinn dieses nächtlichen Marsches erklären.

Doch nicht nur ihnen. Auch der Portier des Hotels hat Mühe mit der Vorstellung, woher wir um diese Zeit kommen. »Diese Zeit ist für den Schlaf«, kommentiert er, nachdem wir ihn geweckt haben. Er hat damit nicht unrecht und trifft genau unsere sehnlichsten Wünsche. Und doch ist er noch bereit, uns eine große Flasche köstlichen Wassers zu verkaufen, damit wir den Durst während der Nacht stillen können.

Wir holen den Wagen am nächsten Morgen um zehn Uhr. Der junge Soldat nimmt das Trinkgeld strahlend entgegen, das sicher den dürftigen Wochensold weit übersteigt. Wir vertanken die restlichen Soles und hoffen, damit die Stadt La Paz zu erreichen.

Die Orte am Lago sind hinreißend schön, zumindest für das Auge des Touristen: Acora – Ilave – Juli – Pomata – Zepita. Riesige Plazas, den Blick zum See meist offen, von Bäumen und Mauern und Kirchen gesäumt, lassen leicht das Elend vergessen, das meist hinter den Fassaden wohnt.

In Pomata zeigt die Ölkontrollampe rot. Die restlichen Soles in Taschen und Täschchen der Kinder reichen gerade noch für einen Liter. Versehentlich nimmt der Händler aber eine Zwei-Liter-Dose und leert sie in den Motor. Womit jetzt bezahlen? Bolivianische Pesos, von denen wir noch einige haben, nimmt er wegen der Stabilität dieser Währung (1970!) dankbar entgegen. Der peruanische Sol ist wegen des Verfalls streng kontrolliert und Dollartausch ist verboten.

Es ist bereits später Nachmittag, als wir nach Desaguadero am Desaguadero kommen. Dies ist der Grenzort. Ein wenig habe ich Angst wegen der Zollpapiere des Wagens. Ein

Beamter in Puno hatte bei der Hinfahrt aus Versehen die bolivianische Zollerklärung behalten. Seitdem hatte ich immer mit Sondergenehmigungen und Zusatzerklärungen die Grenzen passiert. Was die Bolivianer wohl sagen? Ich kann nicht schriftlich nachweisen, daß ich den Wagen aus Bolivien ausgeführt habe. Ich gehe also klopfenden Herzens zum Zoll. Doch dieser fertigt mich überraschend ohne Rückfragen ab. Da taucht aber bei der Grenzpolizei noch ein unvorhergesehenes Problem auf. Die peruanischen Behörden verlangen eine nicht unerhebliche Grenzübertrittsgebühr, die in Soles oder Pesos entrichtet werden kann. Doch die Soles sind zu Ende, und die restlichen Pesos reichen nicht aus. Was nun? Sollte man uns im letzten Moment wegen fehlender fünfzehn Mark die Ausreise verweigern?

Doch in finanziellen Notlagen hat Anni meistens Reserven. Sie erinnert sich der fünf einzelnen Dollar-Noten, die unsere Kinder bei der Abreise vom Pfarrer des Heimatdorfes für einen Ernstfall geschenkt bekamen. Sie befinden sich im hintersten Fach einer Brieftasche. Aber das Mitführen von Dollars ist verboten. Ich getraue mich nicht, sie dem Grenzer zu zeigen. In kleinen Dingen sind sie meist kleinlich, denn da lohnt keine Bestechung. Doch womit sollte ich auch bestechen? So bitte ich um Erlaubnis, die Brücke überschreiten zu dürfen, die Perú und Bolivien über den Grenzfluß hinweg miteinander verbindet, um drüben zu tauschen. Doch der Grenzer lehnt ab. Ich bestehe darauf, seinen Chef zu sprechen. »Der Chef hat sein Büro im Dorf. Er ist aber um diese Zeit an Silvester auf keinen Fall da«, sagt der Beamte mürrisch.

Wir fahren in das Dorf, das still am Fluß liegt. Die untergehende Sonne legt einen Hauch von Gold auf die verzweigte Wasserfläche. Fischerboote und -hütten stehen schwarz im Gegenlicht. Ein bezaubernder Jahresausklang, wenn nur die Sache mit dem Geld nicht wäre. Das Büro des Polizeichefs ist schnell gefunden. Seine Wohnung liegt gleich nebenan. In guter Stimmung öffnet er die Tür seines Hauses. Sie steigert sich zur Hochstimmung, als ich ihn frage, ob ich hier in einer Bank an diesem Silvesterabend fünf Dollars umtauschen könne. »Entra, no más!« heißt seine Aufforderung, das kleine Büro zu betreten. Er setzt sich dienstlich an seinen Schreibtisch, der eine Schublade – scheinbar für alle Fälle – halb geöffnet hat. Lächelnd und geübt schiebt er dorthinein die fünf Scheine und schließt die Lade. Der Kurs ist kein guter, doch das Geld reicht zur Ausreise. Bedauernd, daß wir nicht mehr Dollars haben, wünscht uns der schlitzohrige Polizeichef ein gutes neues Jahr. Wie recht er hat! Mehr Glück können wir auch im neuen Jahr nicht haben.

Am Salar von Uyuni

Hinter der Studioscheibe von »Radio Pio XII« in der Minenstadt Siglo XX (Siglo Veinte = 20. Jahrhundert) stellt sich Dr. Luis Ossio Sanjinés den Fragen einiger Rundfunkjournalisten. Was er über seine politischen Vorstellungen von der Zukunft Boliviens sagt, geht von hier aus direkt über den Äther zu den Minero- und Campesinofamilien dieser Zone im Norden des Departaments Potosí. Dr. Ossio ist einer der fast fünfzig Kandidaten der Präsidentschaftswahlen am 16. Juli 1985. Als ich ihn nach 13 Jahren vor wenigen Tagen beim Wiedersehen in La Paz mit den Worten begrüßte: »Es ist schön, dich als Präsidentschaftskandidaten wiederzusehen«, antwortet er: »Denk dir nichts! Das kann in diesem Land jedem passieren.«

Es ist richtig, daß es für das höchste Staatsamt Anwärter »wie Sand am Meer« gibt. 74 Parteien sind es bis Mitte Mai 85, die sich an den Wahlen beteiligen, und es werden täglich noch mehr. Oft geringe sachliche Differenzen und das Fehlen eines Parteiengesetzes halten die Aufsplitterung der Parteien in vollem Gang. Diese haben in der Regel keine Programme, nur mehr oder weniger bekannte »Köpfe«. Auch die Wähler fragen kaum nach politischen Programmen, die die Parteien sich geben. Sie treffen ihre Wahl nach dem Bekanntheitsgrad der Kandidaten. Und so werden seit längerer Zeit von Kennern der politischen Szene dem bekanntesten der Bewerber die meisten Chancen eingeräumt: General Hugo Banzer. Obwohl er sechs Jahre mit eiserner Faust und massiver Unterdrückung regierte, zählen letztlich für einen Wahlsieg die unter seiner Regentschaft gebauten Hochhäuser, Flugplätze und Straßen, auch wenn dieser wirtschaftliche Scheinaufschwung der siebziger Jahre der Anfang war für eine astronomisch hohe Auslandsverschuldung, für das heutige wirtschaftliche Desaster und für die Blüte des illegalen Kokainhandels und der damit einhergehenden, alles zerfressenden Korruption. Doch all dies läßt Banzer und seine Hintermänner – von einer Partei kann nämlich wirklich keine Rede sein – mit dem Brustton der Überzeugung überall sagen und schreiben: Venceremos – Wir werden siegen! Ob das Parlament ihn dann aber auch wirklich zum Präsidenten wählen würde, war zumindest zu diesem Zeitpunkt noch sehr zu bezweifeln.

Dr. Luis Ossio Sanjinés, von seinen Freunden kurz »Lucho« genannt, kandidiert für die PDC (Partido Demócrata Cristiano), die bolivianischen Christdemokraten. Sie sind mit den Christdemokraten oder gar den Christsozialen bundesrepublikanischer Prägung schwer zu vergleichen, denn sie verstehen sich nach eigener Beurteilung eher als »Christliche Grüne«. Ihr Reformprogramm richtet sich gegen Korruption und den Ausverkauf der Rohstoffe ihres Landes. Sie streben eine genossenschaftliche und sozialstaatliche Struktur an und wollen die Selbstverwaltung in dörflichen Gemeinschaften – in Anlehnung an indianische Tradition und mit modernen Mitteln – fördern. Luis Ossio weiß, daß er und seine Partei kaum Gehör finden werden. Er hat wenig Zugang zu den Medien, er verfügt kaum über finanzielle Mittel, und er vertraut auf ein ehrliches und solides Programm. Den Vergleich seiner Wahlkampagne mit der seines großen Rivalen umschreibt er kurz so: »Banzer macht seinen Wahlkampf im Privatjet – ich zu Fuß.« Doch Lucho stellt sich der Wahl, auch wenn er weiß, daß es unter den gegebenen Bedingungen für jeden Bolivianer eine Strafe wäre, Präsident zu werden. Wenn er auch scherzhaft meint, die Präsidentschaftskandidatur hier könne jedem passieren, so trifft das für ihn selbst am wenigsten zu. Er ist nämlich Quechua, fast ein Exote unter den sonst nur weißen Politikern. Er stammt aus Potosí, arbeitete als Minero, promovierte zum Doktor der Rechte und vertritt mit seiner Anwaltskanzlei in La Paz besonders die Belange der Bergarbeiter. Viele Ministerposten sind ihm in den verschiedenen Regierungen schon angeboten worden, doch er erlag bisher nie der Verlockung der Macht.

Seit Beginn meines ersten Bolivienaufenthaltes im Jahr 1970 verbindet mich mit Lucho eine aufrichtige Freundschaft. Er hat mir viele Rätsel, die mir die Politik und die Wirtschaft, die Kultur und die Gesellschaft dieses Landes aufgaben, entschlüsselt. Viel von meiner Liebe zum indianischen Menschen verdanke ich ihm.

So bin ich aufmerksamer Zaungast der Life-Sendung bei Radio Pio XII. Manche Erinnerung an gemeinsame Erlebnisse steigt dabei auf. Ich denke an eine 1972 von mir gemachte Sendung im Bayerischen Rundfunk, für die mir ein Erlebnis mit ihm die Anregung gab.

Lucho hatte mir immer gesagt: »Wenn du Bolivien kennen willst, mußt du Llica kennen.« Doch nach Llica ist es weit von La Paz, und die Reise ist sehr beschwerlich. Der Ort liegt westlich des Salars von Uyuni, des 14 000 Quadratkilometer großen Salzsumpfes in der südlichen Hälfte des Altiplano. Llica sei, so meinte Lucho, insofern etwas Besonderes, als die Bewohner – von den Spaniern in ihrer unzugänglichen Siedlungslage wenig beachtet – durch die Jahrhunderte ihre eigenen Wege gegangen waren. Es war ganz klar, daß mich dies lockte.

Ende Februar 1972 machten wir uns zu viert im Jeep auf den Weg. Mit Lucho und mir fuhren Helmut Hehenberger, Botschaftsrat an der deutschen Vertretung in La Paz, und Alfonso, ein bolivianischer Freund von Lucho. Die Regenzeit war noch nicht ganz zu Ende. So mußten wir mit manchen Widrigkeiten rechnen.

An einem Freitagnachmittag fuhren wir von La Paz nach Oruro. Auf der asphaltierten Strecke kamen wir gut voran. Die Nacht verbrachten wir in einem der vielen Alojamientos, die für verwöhnte Europäer ungemütlich und kalt sind. Vor der Weiterfahrt am nächsten Morgen frühstückten wir auf dem Markt mit einem großen Glas *api*, einem wohlschmeckenden, heißen Getränk aus dunkelviolettem Mais – Stärkung für einen langen Tag.

Bis Tambillo, das wir an diesem Tag erreichen wollten, sind

es 220 Kilometer. Die ersten 120 Kilometer bis Challapata fuhren wir auf zwar staubiger aber gepflegter Straße. Sie ist Teil der Verbindung von Oruro nach Potosí. Nach insgesamt zweieinhalb Stunden erreichten wir Huari, wo ein Braumeister aus Weihenstephan köstliches Bier braut. Hier ist eine der vielen, meist von deutschen Bierbrauern geführten Cervecerías Bolivianas. Wir konnten der Verlockung nicht widerstehen, in der gemütlichen Wirtsstube eine Rast einzulegen. Der Braumeister fand unseren Plan, um diese Jahreszeit nach Llica fahren zu wollen, verwegen. Er bot uns aber an, bei Schwierigkeiten behilflich zu sein.

Die Weiterfahrt ging über die eintönige Pampa, und das Bier tat ein übriges, um alle meine Begleiter in einen gesunden Schlaf sinken zu lassen. Der Weg verlor sich oft zwischen Quebradas, Tümpeln und Buschwerk. Manchmal war das kniehohe, wacholderähnliche Gesträuch, das unter dem Fahrzeug durchschlüpfte, so dicht, daß ich kaum sehen konnte, wohin ich fuhr, und immer wieder vom Weg abkam.

Eine unfreiwillige Vollbremsung riß meine Begleiter jäh aus dem Schlaf. Der Jeep saß fest und konnte trotz des Geländeganges weder vor noch zurück. Ein heimtückisches Morastloch hatte wie eine Falle gewirkt. Glücklicherweise führten wir einen Spaten mit. Wir schaufelten etwa eine Stunde lang den achstiefen Schlamm zur Seite. Dann war es wie beim Ostereiersuchen, als wir uns in dem Gestrüpp auf die Suche nach Steinplatten machten. Sie dienten uns als Unterlage für den Wagenheber, mit dem wir jedes Rad einzeln aufbockten. Dann schoben wir struppiges Geäst unter die Reifen. Verdreckt bis zu den Knien und Ellbogen konnten wir nach eineinhalb Stunden Verzögerung die Fahrt fortsetzen.

Von der Anhöhe aus, auf der wir uns freigeschaufelt hatten, konnten wir weit über die Ebene schauen. Jetzt in der Regenzeit bestimmten mehr Grün- als Brauntöne die Landschaft. Das etwa einen halben Meter hohe Tola-Gesträuch, das die Ebene in ein stumpfes Dunkelgrün tauchte, ist dicht wie sonst nirgends auf dem Altiplano. Die Äste sind als

Heizmaterial so begehrt, daß die Pflanze woanders auf weite Flächen völlig ausgerottet ist. In etwa fünf Kilometer Entfernung floß träge der Rio Mulato in einem flachen Flußbett in großen Windungen zum abflußlosen Lago Poopo, der im Norden den Horizont begrenzte. In westlicher Richtung konnten wir die weite Fläche des Salars von Uyuni erahnen. Behausungen oder Ortschaften waren von hier oben nicht zu sehen.

Am Rio Mulato prüfte Alfonso die Tiefe des Wassers: Es reichte ihm an der tiefsten Stelle bis zum Oberschenkel. Wir wagten also eine Überfahrt – mit etwas Wasser im Fahrgastraum unseres Jeeps. Kurz vor Sonnenuntergang kamen wir in Tambillo an, einem Dorf mit etwa 800 Einwohnern. Lucho wußte, daß das Hotel »Internacional« die einzige Übernachtungsmöglichkeit im Ort war. Wir fragten, ob wir übernachten könnten. Die Besitzerin, eine alte Indianerin, sagte, wir wären die einzigen Gäste und könnten bleiben.

Der Gastraum, in den wir direkt von der Straße her eintraten, war nur durch mattes Kerzenlicht erleuchtet. Vier Tische standen auf dem öligen, gestampften Lehmfußboden. Die zweite Tür des Raumes führte in die Küche, in der eine Gaslampe brannte. Das einzige Fenster an der Straßenseite hatte die Jahre hindurch soviel Patina angelegt, daß man nur noch unterscheiden konnte, ob es draußen hell oder dunkel war. Einige alte Stühle standen herum, an einem Tisch mit Bänken ließen wir uns nieder.

Lucho bestellte für uns alle Quinoa mit Zucker und Zimt. Die hirseähnliche Quinoafrucht, eine Getreideart, enthält sehr viele Proteine und soll mit ihren Wirkstoffen der Höhenkrankheit entgegenwirken. Besonders die Quinoa Real, die Königs-Quinoa, soll, so wußte Lucho zu berichten, so kräftigend sein, daß ein Teller davon den Ernährungsbedarf für einen ganzen Tag deckt. Die Quinoa Real wächst nur am Salar, da sie zum Gedeihen den Salzgehalt des Bodens benötigt. Aus Quinoa wissen die Indianer an die fünfzig verschiedene Gerichte zuzubereiten. Der Teller, der jedem

von uns auf den Tisch gestellt wurde, war aufgehäuft voll und kaum zu schaffen. Ich hatte so etwas noch nie gegessen und es schmeckte mir ausgezeichnet.
An diesem Abend erzählte Lucho bei Kerzenschein viel von den Leuten in Llica, die wir am nächsten Tag besuchen wollten. Die Unzugänglichkeit des Landstrichs zwischen dem Salar und der die Grenze zu Chile bildenden Cordillera de Sillillica y Huatacondo ließ die Spanier diese Gegend meiden. Die Erzvorkommen waren für eine Ausbeutung nicht lukrativ genug, und das einzige, was der Salar bot, das wertvolle Salz, transportierten ohnehin seit eh und je die Llameros mit ihren Lamakarawanen in dichter besiedelte Gebiete. Die Indianer um Llica blieben also weitgehend ungestört. Sie wurden auf diese Weise geradezu ein Modell für eine Entwicklung mit einem Minimum an Unterdrückung und einem Maximum an Autonomie. Die Indianer selbst sind hier Urheber eines Fortschritts, der auf dem Fundament ihrer eigenen Werte gründet. Der Bewußtwerdungsprozeß der Indianer, der in den spanisch beeinflußten Gebieten nur langsam vorankommt, konnte in Llica ungestört und selbstverständlich geschehen.
Doch dieses Modell blieb bis heute unbeachtet von den Regierungen Boliviens, von den Vertretungen fremder Länder und von einer an wirtschaftlichen Maßstäben und Eigeninteressen orientierten europäischen »Entwicklungspolitik«. Es wurde nicht zur Kenntnis genommen, daß die Salar-Anwohner nicht auf einer Entwicklungsstufe stehenblieben, die so gern als primitiv und rückständig bezeichnet wird, sondern daß sie aus eigener Kraft und mit eigener Fantasie technische Errungenschaften zur Erleichterung ihres Lebens nicht nur übernahmen, sondern weiterentwickelten. In der Gegend von Llica gibt es ein dichtes Netz von guten Schulen mit einer eigenen Lehrerbildungsanstalt. Beides kam ohne Hilfe der Regierung zustande. Ebenso ohne Hilfe von »außen« wurde eine Telefonverbindung von Llica nach La Paz geschaffen, und die Indianer haben sich von fremden

Transportunternehmen weitgehend unabhängig gemacht, auch wenn der Unterhalt der Verbindungsstraßen – besonders während der Regenzeit – oft weit über ihre Kräfte geht.
Politiker versuchten vielmehr, das autarke Denken und die autonomistischen Bestrebungen der Indianer hinter dem Salar von Uyuni klein zu halten. So wurde ihnen, beispielsweise, die angestrebte Exporterlaubnis für Salz unter Hinweis auf das staatliche Monopol immer wieder versagt. Von Llica ausgehende Initiativen wirtschaftlicher, politischer und kultureller Art wurden von den Regierungen in La Paz in ihrer Bedeutung für die Entwicklung des Landes stets heruntergespielt. Von den Regierenden wurde auch immer wieder versucht, örtlich gewählte politische Repräsentanten durch von La Paz ernannte zu ersetzen. Doch die Indianer blieben hartnäckig und schickten die Fremden höflich aber bestimmt wieder in die Hauptstadt zurück. Sie erkannten nur ihre eigenen Stellvertreter als Führer an.
Von all dem wußte Lucho an diesem Abend zu erzählen. Er hatte einige Jahre in Llica gelebt und die Einwohner bei der Gründung von Genossenschaften und bei der Verwaltung kleiner Minen- und Salzgewinnungsunternehmen juristisch beraten. So war er mit ihrem Leben und ihrer Mentalität vertraut.
Ich war froh darüber, daß uns Helmut Hehenberger auf dieser Fahrt begleitete. Ich bin noch heute dankbar, daß ich in ihm einen der wenigen Diplomaten kennenlernte, die ihr Herz offenhalten für die Sprache, das Denken und die Weisheit der kleinen Leute. Er hielt es nicht, wie sonst fast alle seine Kollegen, mit den städtischen, weißen Bolivianern, die das Campo als gefährlich ansehen und es als Sakrileg betrachten, sich mit den Indianern einzulassen. Sie kennen nur die Art Entwicklungspolitik, von der das »Manifest von Tiwanaku« sagt: »Wir (die Indianer) fürchten diese falschen importierten ›Entwicklungsmodelle‹, weil sie fiktiv sind und unsere tief verankerten Werte außer acht lassen.«

Es war schon spät, als wir die Wirtin baten, uns das Nachtlager zu zeigen. Da fing sie an, Tische und Stühle an die Wände zu rücken. Eine schwere Lastwagenplane wurde hereingetragen und auf dem Lehmfußboden entrollt. Ehe wir uns auf dieser Unterlage in unseren Schlafsäcken einrichteten, bat ich sie noch darum, mir die Toilette zu zeigen. Die Indianerin führte mich mit einem freundlichen »Si, si, señor« zu einer Tür in der Küche. Als ich die Tür öffnete, stand ich draußen, hinter dem Haus auf dem dunklen Hof, der zum nahen Fluß hin offen war. Das Gelände am Flußufer war die »Toilette«, die alle im Dorf benutzten, also auch wir Hotelgäste.
Plötzlich war ich spürbar mit hineingenommen in die Armut dieser Menschen auf dem Altiplano. Ihre Armut besteht nicht in ihrer Besitzlosigkeit. Ihre Armut zeigt sich in ihrer Behausung, die oft nicht vor Regen und Kälte schützt, in ihrer Wohnweise, die keine ausreichende Möblierung für Essen und Schlafen kennt, in den mangelhaften hygienischen Verhältnissen, die eine Versorgung mit gesundem Trinkwasser und eine unschädliche Beseitigung von Abfällen und Exkrementen verhindern. Obwohl mir die Dunkelheit im offenen Gelände am Fluß einen gewissen Schutz gewährte, fühlte ich hier deutlich, wie notwendig ein Mindestmaß an Intimität für ein menschenwürdiges Leben ist. Doch nicht nur das tatsächliche Fehlen einer Toilette, sondern auch nicht zu wissen, wie sie gebaut wird und warum sie notwendig ist, bedeutet Armut. Ich konnte, zurückgekehrt zu meinem Schlafsack, wenigstens von meinem gemütlichen, wärmenden Bett in La Paz träumen. Wieviele um mich in diesem Dorf werden ein Leben lang die Nächte auf dem harten, kalten Boden verbringen und auf den Schutz ihrer Intimität durch eine Mauer oder eine Bretterwand verzichten müssen?
Am nächsten Morgen trafen wir zwischen Tambillo und dem beginnenden Salar auf eine lange Reihe von Lastwagen, die im Morast der aufgeweichten Straße steckengeblieben waren. So stellte ich mir immer den Flüchtlingstreck nach dem Krieg vor. Ganze Familien lagerten eng zusammengekauert neben

der Straße und hatten hier wohl auch die Nacht verbracht. Manche der Lkws hatten sich unter der Last ihrer Ladung bedenklich zur Seite geneigt. Oft steckten sie so tief im Morast, daß sich über den Reifen die Oberfläche der schlammigen Erde wieder geschlossen hatte. Die Männer arbeiteten trotz des frühen Morgens eifrig daran, die Fahrzeuge wieder flott zu bekommen. Manche versuchten mit Seilwinden, sich gegenseitig aus dem Dreck zu ziehen.

Lucho kannte fast alle Leute. Er unterhielt sich mit ihnen in Aymara über Möglichkeiten der Hilfe. Doch wir mußten zugeben, daß wir mit unserer Kraft in dieser Lage nicht helfen konnten. Das Gewicht unseres Jeeps war nichts im Vergleich zu dem dieser Fahrzeuge. Ich wunderte mich sehr über die Unverdrossenheit der Leute. Manche hatten ihre Lkws völlig entladen und versuchten, mit Winden und Balken die Achsen zentimeterweise zu heben. Obwohl sie zum Teil schon eine Woche hier festsaßen, war ihre Zuversicht weiterzukommen ungebrochen.

Auch unser Jeep war sehr in Gefahr steckenzubleiben. Immer wieder mußte ich ihn aus den reifentiefen, schmierig-schlammigen Fahrrinnen lenken. Die Profilreifen schleuderten an beiden Fahrzeugseiten meterhoch Dreck in die Luft, der dann unter lautem Getöse wieder auf Dach und Kühlerhaube fiel.

Nach mehreren hundert Metern, die all diesen Lkws zum Verhängnis geworden waren, erreichten wir eine befestigte Straße, die wie ein Damm über das Gelände erhöht war. Sie führte direkt auf den Salar zu, der wie ein Meer vor uns lag. Schon die Fahrer, mit denen sich Lucho unterhalten hatte, hatten berichtet, daß das Wasser im Salar etwa vierzig Zentimeter tief sei. Die Straße war streckenweise von mannshohen Quinoa-Stauden gesäumt, die sonst nur kniehoch werden. Die schweren Fruchtdolden wiegten sich im leichten Wind. Wolken hingen finster und tief. Immer wieder regnete es an verschiedenen Stellen des unendlich weiten Landes.

Wir näherten uns dem Salar. Schmutzig-weißes Salz überkrustete den Boden, wo das Gelände noch nicht unter Wasser stand. Bis auf vereinzelte Quinoa-Büschel war die Vegetation sehr dürftig. Plötzlich war links und rechts von uns nur noch seichtes Wasser. Die dammartige Straße vor uns reichte wie ein langer Steg in die endlose Wasserfläche hinaus und tauchte dann langsam unter. Sie war sehr ausgeschwemmt, und wir kamen nur im Schrittempo voran. Doch dann hörte auch diese Straße auf, und wir standen inmitten des Sees. Das Wasser reichte etwa bis zur Mitte der Räder. Vierzig Zentimeter unter der Oberfläche lag eine tischebene, weiße Salzfläche. Nicht jedes Jahr sammelt sich über dem Salzsumpf in der Regenzeit gleichviel Wasser. Doch diesmal waren die Niederschläge sehr ergiebig gewesen und so breitete sich vor uns ein überall gleich tiefer Salzsee, etwa fünfundzwanzigmal so groß wie der Bodensee. Der Teil, den wir zu überqueren hatten, war etwa fünfzehn Kilometer breit. Lucho zeigte mir am gegenüberliegenden Ufer einen Berg, auf den ich zusteuern sollte.
Es war angenehm, auf dem glatten Salzboden zu fahren. Obwohl ich wegen der zerstörerischen Kraft, die dieses Wasser auf die »Innereien« eines Jeeps hat, die Fahrgeschwindigkeit sehr drosseln mußte, schäumte die gesättigte Salzlösung unter den Kotflügeln heftig auf. Da Unebenheiten nicht zu spüren waren, kam es uns vor, als würden wir in einem schwimmenden Amphibienfahrzeug sitzen.
Da begann Lucho auf einmal von Untiefen zu erzählen, in denen schon manches Fahrzeug versunken war. Die Vorstellung, wir könnten mit unserem Jeep plötzlich wie ein Stein untergehen, ängstigte uns schon ein wenig. Auch äußerte Lucho Zweifel daran, daß wir an diesem Sonntag noch bis La Paz zurückkommen könnten. Bis Llica wären es noch fast hundert Kilometer gewesen, und am folgenden Tag hatte jeder von uns wieder unaufschiebbare Termine. So entschlossen wir uns, nachdem wir fünf Kilometer durch das Salzwasser gefahren waren, zur Umkehr.
Lucho erzählte uns, daß eine Überquerung des Salars auch in

der Trockenzeit nicht ungefährlich sei. Die Spiegelung des Sonnenlichtes auf der schneeweißen Fläche ist nämlich so stark, daß man nur mit geschwärzter Brille und völlig vermummt den Salar überqueren kann. Eine Fahrzeugpanne kann so wahrhaftig zum »blendenden Erlebnis« werden.
Für den Rückweg schlug Lucho hinter Tambillo einen weiter südlich gelegenen Weg vor, auf dem er hoffte, die Flüsse ungehindert überqueren zu können. Der Rio Mulato war auch tatsächlich ohne Schwierigkeiten passierbar. Wir konnten also hoffen, bis Einbruch der Dunkelheit in Challapata die Hauptstraße zu erreichen.
Doch da geschah etwas, das unsere Erwartungen vorläufig zunichte machte. Als wir uns einem kleinen Flußlauf näherten, standen vor der Furt drei Indianer, die auch den Fluß überqueren wollten. Zwei von ihnen waren mit dem Fahrrad unterwegs, der dritte war zu Fuß und trug kostbar gewebte Kleider, wie sie von den Indianern in der Gegend von Sucre getragen werden. Das Flußbett war voll Wasser: Eine schmutzig-braune Brühe wälzte sich in etwa fünfzehn Meter Breite reißend gegen Norden. Die Indianer erzählten, daß sie schon den ganzen Tag hier warteten und daß der Fluß wohl erst morgen wieder passierbar sein werde. Unsere Frage nach einer Brücke flußauf- oder flußabwärts quittierten sie mit einem mitleidigen Lächeln. Alles, was einem Europäer in einer derartigen Situation durch den Kopf geht, fiel mir ein: Anrufen – Familie – Termine – Hilfsangebot des Braumeisters in Huari – – – Auf das Naheliegendste konnte ich mich erst später einlassen, obwohl ich es nun seit zwei Jahren zu üben versucht hatte: Mañana!
Da wir also erst morgen von hier weiterkommen sollten, richteten wir uns für die Nacht ein und verteilten die Schlafplätze: Zwei im Jeep, zwei unter ihm. Doch gerade, als wir begannen, dürre Äste für ein Feuer zu sammeln, um uns zu wärmen, kam ein weiterer Indianer mit dem Fahrrad auf uns zugefahren. In etwa dreißig Metern Entfernung lehnte er sein Vehikel an einen Tola-Strauch und näherte sich schüch-

tern. Nach einigem Zögern fragte er, wo wir herkämen, wo wir hinwollten, wie unsere Namen seien, ob wir Aymara sprächen und ob wir Patres seien. Er brachte alle seine Fragen sehr unterwürfig vor. Uns wunderte sein großes Interesse an uns. Auch wir fragten ihn, woher er komme und wohin er wolle. Da sagte er, daß er hier wohne und gekommen sei, uns zum Übernachten in sein Haus einzuladen. Doch wir konnten weit und breit kein Haus sehen. Erst nachdem er uns genau die Richtung zeigte, konnten wir in etwa zwei Kilometern Entfernung auf einer Anhöhe ein Gehöft entdecken. Wir bedankten uns und nahmen alle – bis auf den Quechua, der es vorzog, die Nacht im Freien zu verbringen – die Einladung an. Der Gastgeber schwang sich erfreut auf sein Fahrrad und strampelte so schnell er konnte, seinem Zuhause entgegen, während wir ihm folgten.

Der junge Indianer, er war wohl fünfundzwanzig Jahre alt, stand zur Begrüßung stolz mitten in seinem Hof, der von Stall, Wohn- und Kochhaus gebildet und von einer mannshohen Mauer eingefaßt wurde. Zwei Frauen und die Kinder waren bereits dabei, mit ihren wenigen Habseligkeiten vom Wohnhaus in das Kochhaus mit der offenen Feuerstelle umzuziehen. Uns führte der junge Mann zum Wohnhaus, das etwas erhöht gegenüber dem Hofeingang lag. Das ganze Gehöft breitete sich an einen nach Osten leicht geneigten Hang, und wir konnten von hier aus sehen, wie sich der silbrige Faden des Flußlaufes, der uns den Weiterweg versperrte, durch die Ebene schlängelte.

Alle Gebäude und auch die Umfassungsmauer waren mit Ichugras gedeckt. Das Dach des Kochhauses war auch außen rußgeschwärzt. Der Rauch kroch durch die dichten Büschel der Bedachung und quoll in dicken Schwaden auch aus der offenstehenden Tür. Die Indianerfrauen waren scheu im Kochhaus verschwunden, nur die Kinder erschienen manchmal neugierig in der Türöffnung.

Wir wurden gebeten einzutreten. Das Innere des Hauses war dunkel, nur die offenstehende Tür ließ etwas Licht herein. Nach einiger Zeit hatten sich unsere Augen daran gewöhnt, und wir konnten Einzelheiten unterscheiden. Der Raum war, der Gesamtgröße des Hauses entsprechend, etwa sieben Meter lang und drei Meter breit. Das wichtigste Mobiliar war aus Lehm geformt und wuchs direkt aus dem Boden: der kleine, quadratiche Tisch mit zwei Sitzblöcken und das für zwei Personen bestimmte kurze Bett. Am Fußende des Bettes, das an einer der Stirnseiten des Raumes errichtet war, waren Zucker- und Mehlsäcke gestapelt. Damit war die Fläche zum Schlafen eng begrenzt, etwa 160 mal 120 Zentimeter.

An der dem Bett gegenüberliegenden Stirnseite des Raumes stand ein grobgezimmertes Regal, in dem Schuhe, Hüte, Dosen und handgewebte Tücher ihren Platz hatten. Der Blickfang des Hauses war allerdings ein Holzbord, das an der Lehmwand direkt gegenüber der Tür in Augenhöhe angebracht war. Darauf stand, flankiert von einigen Insektenspray-Dosen, ein Miniatur-Lastwagen, etwa dreißig Zentimeter lang. Liebevoll gearbeitet, waren an ihm alle Einzelheiten eines Lkw erkennbar. Über dem Führerhaus war – wie in einem Original auch – ein Schild mit dem Namen des Fahrzeugs angebracht: Corazón de Jesús (Herz Jesu). Dieser

Lastwagen, der wie ein feingearbeitetes Spielzeug wirkte, war sicher auf dem Alasitas-Markt erstanden worden, der in La Paz jährlich am 24. Januar stattfindet. Die Indianer glauben fest daran, daß sie die auf diesem Markt gekauften Miniaturgegenstände irgendwann in Originalgröße besitzen werden. Das Ziel unseres Gastgebers stand ihm so ständig vor Augen: Er möchte seinen Lebensunterhalt später als Transportista verdienen. Er wird also sparen.

Lucho deutete die Spraydosen auf dem Bord als Hinweis darauf, daß der Indianer bereits seinen Wehrdienst abgeleistet und dort etwas über die Bekämpfung von Flöhen und Wanzen gelernt hatte.

Bei einbrechender Dunkelheit richteten die Frauen in der Mitte des Hofes ein Feuer zu und bauten eine Sitzbank aus Steinen und Brettern. Wir wurden zur Cena, zum Abendessen, gebeten. Es gab gebratenes Hammelfleisch und verschiedene Sorten von Kartoffeln. Das Fleisch wird auf der Höhe des Altiplano trotz langen Kochens und Bratens nicht gar und bleibt ohne Drucktopf zäh. Doch es war gut gewürzt und schmackhaft. Ich fühlte mich in der Gastfreundschaft, die uns diese Indianerfamilie so überraschend und selbstverständlich schenkte, sehr wohl. Darüber vergaß ich sogar, daß man uns um diese Stunde schon zu Hause erwartete.

Viel erfuhr ich bei diesem Gespräch am Feuer über das Leben der Indianer. Über den zur gleichen Zeit unweit von hier am Fluß nächtigenden Quechua, der mir nicht aus dem Kopf ging, kamen wir auf die Llameros zu sprechen. Diese Quechua-Nomaden, die mit ihren Lamaherden bis zu 700 Kilometer zwischen Sucre und dem Salar zurücklegen, hatten mich schon immer interessiert. Seit den Erzählungen dieses Abends, an dem bereits die helleren Sterne am nachtblauen Firmament funkelten, gehören die Llameros für mich zu den interessantesten Gruppen dieses Landes. Ihr Leben verläuft nach genau festgelegten Regeln und Normen. An den seit Jahrhunderten begangenen Karawanenstraßen gibt es Lagerplätze, die die Tagesetappen begrenzen. Hier werden die

Nächte in Zelten verbracht, für die von den Treibern oft bis zu fünf Meter lange Balken mitgetragen werden. Lamas sind nur gering belastbare Tiere. Die Herden sind deshalb meist groß, damit sich der mehrere Monate dauernde Transport lohnt. Oft gehören hundert oder mehr Tiere einer Karawane an. In früheren Zeiten machten die Llameros den beschwerlichen Marsch ohne ihre Frauen. Sie brachten Früchte, Mais und Mehl aus den fruchtbaren Tälern zum Salar, und auf dem Rückweg transportierten sie Salz. Durch die lange Trennung von ihren Frauen war für die Hirten die Versuchung groß, mit den eleganten Tieren intimen Umgang zu pflegen. Da Lamas aber in hohem Grad syphilisanfällig sind, verbot der spanische König per Dekret die Mitnahme weiblicher Lamas. Seit die Llamerofrauen bei der Karawane sind, wird sich die Anordnung des Königs wohl erübrigt haben.

Ein glasklarer Himmel spannte sich über die weite Hochfläche, und es war, als hingen die Sterne hier tiefer als anderswo. Die Kälte der Nacht trieb uns von den Resten des Feuers weg in unsere Schlafsäcke. Wir zogen es wegen der Kürze des Doppelbettes vor, auf dem Lehmboden zu schlafen. Es war das erste Mal, daß ich eine Nacht im Hause eines Indianers verbrachte. Ich fühlte mich sehr geehrt, daß mir diese Gastfreundschaft entgegengebracht wurde.

Am nächsten Morgen brachen wir früh auf. Die beiden Radfahrer, die die Nacht im Kochhaus verbracht hatten, waren schon abgefahren. Als wir dem Gastgeber für Kost und Logis einen Geldbetrag überreichen wollten, wehrte er energisch ab. Er bat lediglich darum, sich an uns wenden zu dürfen, wenn er in La Paz zur Lösung eines Problems Hilfe brauchen würde. Lucho gab ihm die Adresse seiner Anwaltskanzlei und bat ihn, ihm auf alle Fälle einen Besuch abzustatten, wenn er in die Stadt kommen sollte. Dann verabschiedeten wir uns mit herzlichen Abrazos von den Bewohnern dieses einfachen, gastlichen Hauses.

Der mächtige Fluß von gestern war über Nacht wieder zu einem kleinen Bach geworden. Durch den abgelagerten

Schlamm führten nur zwei verlorene Fahrradspuren. Wir fuhren mit vollem Schwung durch das etwa drei Meter tiefe und bis an den oberen Rand verschlammte Flußbett. Die Kraft unseres Motors reichte gerade aus, den schweren Toyota ganz durch den aufgeweichten Geländetrog zu bringen. Es hatte die Nacht durch nicht geregnet. Unsere Hoffnung auf freie Fahrt war also berechtigt.

Bei Sevaruyo kamen wir an die Bahnlinie, die von Oruro über Uyuni nach Antofagasta in Chile führt. Dieser Eisenbahn folgte unsere Straße zunächst bis Challapata und dann weiter bis Oruro. In Huari hofften wir auf ein kühles Bier, und bald würden wir auch dem Braumeister melden können: Wir sind trotz Regenzeit zwar mit Verspätung, aber gut wieder zurück. Alfonso hatte inzwischen das Steuer übernommen, wir anderen waren eingenickt. Manchmal waren kleine Quebradas zu durchfahren, sonst ging es eintönig dahin.

Doch da war plötzlich wieder ein Fluß, dem ein kräftiger Platzregen im Gebirge viel Wasser mitgeschickt hatte. Alfonso beteuerte, genau zu wissen, wie er das sandige Flußbett durchfahren müsse. Ich bat ihn noch, mit Schwung zu fahren, um ein Schalten zu vermeiden. Doch er versuchte es langsam im zweiten Gang und mußte, nachdem wir die steile Böschung hinuntergefahren waren, auf den ersten Gang zurückschalten. Im Nu fraßen sich die Reifen in den Sand und in Sekundenschnelle drang durch alle Ritzen und Öffnungen Wasser in das Innere des Wagens. Schnell mußten wir mit unserem Gepäck auf das Dach flüchten und über das am Wagenheck angebrachte Reserverad zum Ufer zurückspringen. Wir ließen den Motor weiterlaufen, damit kein schlammiges Wasser über den Auspuff in den Motor eindringen konnte. Dann ließen wir uns nieder und hielten Rat.

Nach Huari waren es noch etwa fünf Kilometer. Die Gebäude und Schlote der Brauerei waren bereits als Silhouette zu erkennen. Direkt neben der Straße führte die Eisenbahnlinie schnurgerade zu diesem Ort. Ungefähr einen Kilometer entfernt sahen wir eine Streckenkolonne arbeiten. Dorthin machte ich mich auf den Weg. Vielleicht konnten mich die Arbeiter mit ihrem Streckenfahrzeug zum Bahnhof von Huari bringen.

Der Kolonnenführer war zunächst sehr abweisend, als ich ihn – nach Schilderung der Lage – um diese Gefälligkeit bat. Er beteuerte, es sei ihm strikt untersagt, mit der motorisierten Draisine nichtdienstliche Fahrten zu unternehmen – auch nicht gegen Kostenerstattung und Trinkgeld. Erst als ich ihm erzählte, daß uns der Braumeister von Huari seine Hilfe angeboten hätte, wenn wir sie benötigten, wurde er hellhörig. Er begann mit einem uralten Holzkoffer zu hantieren. Zum Vorschein kam ein ebenso alter Telefonapparat. Dazu holte er eine Stange, die einen Metallbügel am einen und ein isoliertes Drahtstück am anderen Ende hatte. Den Bügel hakte er in die Telefonleitung, die die Bahnlinie begleitet, das Drahtstück befestigte er am Telefonapparat. So war alles miteinander verbunden. Nun fehlte nur noch der Strom. Darum begann der Mann kräftig an der Kurbel des Apparates zu drehen. Er wollte mit dem Bahnhofsvorstand in Huari telefonieren. Aber immer wieder mußte er drehen und immer wieder brach das Gespräch zusammen. Erst nach mehreren Versuchen konnte er seinen Gesprächspartner am Bahnhof bitten, jemanden in der Brauerei zu verständigen, der uns mit einem Fahrzeug aus unserer mißlichen Lage befreien könnte. Der Bahnhofsvorstand sagte dem Kolonnenführer zu, jemanden mit dem Fahrrad zur Brauerei zu schicken.

Mit dieser Nachricht machte ich mich auf den Rückweg. Ich beeilte mich, denn ich wollte zur Stelle sein, wenn Hilfe eintraf. Es war kurz nach Mittag und die Sonne stand senkrecht über uns. Nachts hatte es Frost gehabt, doch jetzt war die Temperatur auf beinahe 25 Grad angestiegen. Als ich zurückkam, nahm Lucho gerade ein kühles Bad in der sandigbraunen Brühe des Hochwasser führenden Flusses. Jemand hatte den Motor des Wagens abgestellt. Es kam mir vor, als wäre das schwere Fahrzeug in der Zwischenzeit noch ein Stück tiefer gesackt. Mir fiel ein, daß vor kurzem der

Wagen eines Freundes im Rio La Paz über Nacht bis zum Dachständer im sandigen Flußbett versunken war.
Das Warten wurde nun schier unerträglich. Stunde um Stunde verging. Um vier Uhr nachmittags kam endlich ein Lastwagen und zog uns mit einem kräftigen Ruck aus dem Fluß. Warum alles so lange gedauert hatte, konnten wir nicht erfahren. Wir bedankten uns sehr beim Fahrer und später auch beim Braumeister für ihre Hilfe, genehmigten uns noch ein Bier und kamen erst gegen Mitternacht zurück nach La Paz.
»Der Salar von Uyuni birgt neben dem Salz noch andere Vorkommen, die für unser Vaterland und für die gesamte Welt von bisher noch nicht abzuschätzendem Wert sind.« Dieser Satz Luis Ossios, den er ruhig und gelassen in die Mikrophone des Radiosenders Pio XII in Siglo XX spricht, läßt mich aufhorchen und reißt mich aus meinen Träumen in die Gegenwart zurück. Lucho informiert seine Landsleute über eine Entdeckung, die eng mit seiner politischen Arbeit zusammenhängt. Inzwischen hatte er nämlich den Bewohnern von Llica die Exporterlaubnis für Salz aus dem Salar erwirkt. Daraufhin wurde das Gelände vor einigen Jahren von Experten untersucht. Nur sieben Meter unter der Salzoberfläche fanden sie in Uyuni Lithium-Vorräte unvorstellbaren Ausmaßes. Lithium ist für die Raumfahrt und die moderne Waffentechnik unentbehrlich geworden. Es spielt eine wichtige Rolle in der Kernfusion, an der Wissenschaftler in aller Welt seit Jahren fieberhaft arbeiten. Gelingt sie, würden nach Auskunft Luchos die Vorkommen unter dem Salar ausreichen, die gesamte Welt 300 Jahre lang mit Energie zu versorgen.
Ossio unterrichtet seine Zuhörer auch darüber, daß er im Parlament ein Gesetz eingebracht habe, das Bolivien und den Bewohnern am Salar Rechte an der Ausbeutung dieser Schätze sichern soll. Das Land könnte dadurch – wie im Lauf der letzten Jahrhunderte schon durch Silber und Zinn – abermals in den Mittelpunkt des weltwirtschaftlichen Interesses rücken. Doch ich befürchte, daß die Mächtigen dieser Erde

Mittel und Wege finden werden, dieses von Lucho initiierte Gesetz zu umgehen. Das Land und seine Bewohner würden erneut um ihre gigantischen Reichtümer gebracht und durch fremde Interessen skrupellos in Not und Elend gestürzt. Bestrebungen in jüngster Zeit, die Bewohner am Salar zu enteignen, sie also ihrer alten verbrieften Rechte zu berauben und dadurch den Zugriff von außen zu erleichtern, weisen in diese Richtung. Es bleibt nur die vage Hoffnung, daß die Rückbesinnung auf indianische Lebensweisheit ein Impuls für die Welt sein kann, wieder in Einheit mit der Schöpfung zu leben und verantwortlich mit ihr umzugehen. Der heute noch wenig beachtete Politiker und Utopist Dr. Luis Ossio Sanjinés könnte dann dafür eine entscheidende Rolle gespielt haben.

Die Urus

»Ossio al poder« (Ossio an die Macht) steht in großen weißen Lettern an einem doppelstöckigen Privathaus am Ortseingang von Guaqui. Der Besitzer dieses aus Lehmziegeln erbauten, einfachen Hauses ist offenbar Fan des Präsidentschaftskandidaten der PDC. Er setzt mit dieser Aufschrift einen ziemlich einsamen Kontrapunkt zu den überall an Mauern und Gebäuden, an Bäumen und Felswänden angebrachten Wersprüchen für Hugo Banzer und Paz Estenssoro. Wahlkampfzeiten, wie jetzt im Mai 1985, sind seltene Zeiten in diesem Land, das achtzehn Jahre lang von gegeneinander putschenden Militärs regiert worden war.
Guaqui ist ein Hafenort am äußersten südöstlichen Zipfel des Titicacasees. Hier endet eine der Bahnlinien Boliviens. Ein wichtiger Teil des bolivianischen Exportgeschäftes wird über diesen Hafen abgewickelt. Das Grenzgebiet zu Peru wird militärisch streng überwacht. Auch wir werden mitten im Ort vom Militärposten angehalten und einer gründlichen Kontrolle unterzogen. Wir müssen in unserem Fahrzeug unmittelbar vor dem geschlossenen Schlagbaum lange warten. Etwa zwanzig Meter hinter dem Schlagbaum geht ein Posten mit geschultertem Gewehr auf und ab. Zu Rückfragen an uns kommt ein diensthabender Soldat mehrmals aus der Schreibstube zu unserem Jeep, bis er uns endlich die Ausweise zurückbringt. Er brüllt dem Posten ein kurzes Kommando zu, das diesen anscheinend so erschreckt, daß er unvermittelt Haltung annimmt. Wie von unsichtbaren Fäden gezogen, vollführt er daraufhin ein Bewegungsritual, das wir wegen seiner Schnelligkeit kaum verfolgen können und bei dem er Arme, Beine und Schießgerät ständig durcheinanderzubringen droht. Ganz plötzlich ist die militärische Turnübung zu Ende und übrig bleibt eine Haltung, die uns andeutet, daß wir hinter dem Schlagbaum links abbiegen müssen. All dies hätte sich der Turner in der schweren, grauen Lodenuniform

ersparen können. Eine andere Möglichkeit, als links abzubiegen, besteht ohnehin nicht. Wir können das Lachen nur mühsam unterdrücken. Doch als wir an dem wie versteinert dastehenden Posten vorbei sind, platzen alle im Auto laut heraus. In mein Lachen über die groteske Szene drängt sich der unangenehme Gedanke, daß preußische Offiziere viele Jahrzehnte lang für die Ausbildung des bolivianischen Militärs »Entwicklungshilfe« geleistet haben.

Kurz hinter dem Posten stellen wir das Fahrzeug auf einer kleinen Plaza ab. Überraschenderweise dürfen wir uns nun frei bewegen. Wir betreten das Hafengelände, um Boliviens einzigen Exporthafen zu besichtigen. Hier zeigt sich die gegenwärtige wirtschaftliche Misere dieses Landes. Niemand ist zu sehen. Die alten Dampfkräne stehen still, die überdachten Lagerplätze sind leer, Güterwagenveteranen rosten vor sich hin, und an den Kais liegt nicht ein einziges Schiff. Dieses Land hat nichts mehr, was es exportieren könnte. Nichts ist vom einstigen Reichtum Alto-Perus, wie Bolivien bei den Konquistadoren hieß, geblieben. Erst als ich diesen trostlosen Anblick auf Zelluloid festhalten will, treten zwei Soldaten hinter einem kleinen Gebäude hervor und weisen mich darauf hin, daß fotografieren aus Sicherheitsgründen verboten sei. Ein anderes Sicherheitsrisiko als das für mich selbst bei Nichtbeachtung dieser Anweisung kann ich zwar nicht erkennen, aber ich halte mich an das Verbot.

Ich setze mich auf einen verrosteten Polder, schaue über die ruhige Weite des Sees und lasse meine Gedanken fliegen. Mir kommt in den Sinn, daß ich mich mit meiner Familie vor vierzehn Jahren hier einschiffte, um zunächst nach Puno und dann weiter nach Cuzco zu fahren. Die »Inka«, ein alter Schaufelraddampfer, nahm uns an einem der Kais hier auf. Während die Kräne mit viel Dampf und unter lautem Krächzen Säcke und Kisten in die offenen Ladeluken hievten, suchten wir – meine Frau, unsere beiden Söhne und ich – in den mahagonigetäfelten Gängen des Schiffsbauches nach unserer Kabine. Wir staunten über den großen Komfort an

Bord. Die Kabinen waren mit Edelholz und kostbaren Messingbeschlägen ausgestattet, in einem luxuriösen Speisesaal servierte man für wenig Geld ein großes Abendessen. Pünktlich zum Sonnenuntergang löste die »Inka« ihre Taue und begann eine lange Reise durch die Nacht über den See. Bei der See-Enge von Tiquina, wo man übersetzen muß, wenn man auf dem Landweg von La Paz nach Copacabana fahren will, stand bereits der volle Mond an einem wolkenlosen Nachthimmel. Er schüttete Zauberlicht auf die ruhige Wasserfläche und auf die nahen und fernen Ufersäume. Die Bugwelle des Dampfers zerlegte sein Spiegelbild in zahllose tänzelnde Lichter, die unsere Fahrt begleiteten.

Ich wollte eigentlich noch an Deck sein, wenn wir an den der Sonne und dem Mond geweihten Inseln vorbeifuhren. Doch die Müdigkeit hatte uns bereits in unsere Kojen getrieben. Wir erwachten erst wieder, als wir bei Sonnenaufgang in der Weite der Bucht vor Puno an den Schilfinseln vorbeiglitten, auf denen einer der eigenwilligsten Nomadenstämme lebt, die es auf unserem Globus noch gibt: die Urus.

Wir beschlossen, sie zu besuchen. Daß dies nicht so ohne weiteres möglich war, erfuhren wir erst später. Zunächst mußten wir Grenzformalitäten erledigen, und dabei bekamen wir unerwartet Schwierigkeiten. Wir hatten unsere Impfpässe vergessen. So gingen wir mit klopfendem Herzen auf die Grenzkontrolle zu, die am Schiff vor der Gangway eingerichtet war. Der freundliche peruanische Beamte bat uns, aus der Reihe zu treten und zu warten; zunächst müßten alle anderen Passagiere abgefertigt werden. Dann hätten wir die Möglichkeit, uns für ein Verbleiben auf dem Schiff – und damit für die Rückkehr nach Guaqui – oder für eine Nachimpfung zu entscheiden. All unsere Beteuerungen, daß wir doch einen Impfpaß haben müßten, weil wir sonst auch in Bolivien nicht sein dürften, nützten nichts. So warteten wir also geduldig, bis der letzte Passagier von Bord gegangen war. Wir waren nebem dem Personal die einzigen, die zurückblieben.

Wir entschieden uns nach vielen Rückfragen für eine Nachimpfung. Man beteuerte uns, daß wir außer einer (saftigen) Gebühr nichts zu befürchten hätten. Impfstoff sei an Bord und auch eine optimale medizinische Versorgung sei gewährleistet. Man führte uns in eine kleine Kabine. Ein in einen weißen Kittel verpackter, sympathischer Mann trat ein und bat uns, den rechten Oberarm freizumachen. Er tupfte uns Flüssigkeit auf die Haut und entnahm dann einer Metallschachtel eine einfache Nähnadel. Damit unternahm er den Versuch, die Haut dort, wo die Flüssigkeit aufgetragen war, zu ritzen, um ihr Eindringen in den Körper zu ermöglichen. Wir bekamen eine Impfbescheinigung ausgestellt, blätterten unsere ganzen Soles-Vorräte auf den Tisch und konnten dann mit unserem Gepäck das Schiff verlassen. Ich weiß bis heute nicht, ob es sich bei der Flüssigkeit wirklich um Impfstoff handelte und ob der Mann jemals die Absicht hatte, mit der Nadel die Haut zu öffnen. Eine Reaktion auf die »Impfung« hat es jedenfalls bei keinem von uns gegeben. Es war wohl lediglich um die Gebühr gegangen.

Zwei Stunden später saßen wir in einem kleinen Motorboot, das wir im Hafen von Puno gechartert hatten, und fuhren den schwimmenden Inseln entgegen. Der See lag bleiern im Licht des noch jungen Morgens. Vor der fernen Silhouette der blaßblauen Berge am Nordufer des Sees zeichneten sich einige schmale, moosgrüne Schilfstreifen ab, die auf der ruhigen Wasserfläche zu schwimmen schienen. Dorthin war unsere Fahrt gerichtet.

Als wir uns den Inseln näherten, kamen wir an mehreren Totoraschilfbooten vorbei, von denen aus gefischt oder auf denen geerntetes Schilf zu den Inseln transportiert wurde. Der Fischfang bildet für die etwa 250 hier lebenden Nomaden die Grundlage ihrer Ernährung. Viele der Fische werden gegen andere Nahrungsmittel wie Kartoffeln, Zucker und Mehl eingetauscht. Das Schilf dient zur Herstellung der einfachen Behausungen der Urus und zum Fertigen neuer Schiffe. Darin sind sie wahre Meister. Nicht nur der Rumpf der Totora-Boote wird aus dem getrockneten Schilf kunstvoll geflochten, auch die Segel werden aus Totora-Matten gefertigt. Wegen des geringen Gewichtes, das getrocknetes Schilf hat, liegt der Schwerpunkt der Boote sehr hoch, und das Paddeln, das Fischen und der Materialtransport mit ihnen erfordert höchste Geschicklichkeit.

Wir legten in einer kleinen Bucht an. Nur wenige Farben kommen hier vor: Blau und Braun. Dafür leuchtete alles in derart gleißendem Licht, daß unsere Augen schmerzten. Wir stiegen aus dem Boot, und alles unter uns schwankte. Der »Boden«, auf dem wir standen und auf dem sich alles Leben hier abspielt, ist aufgehäuftes Schilf – von unsichtbaren Kräften der Natur hier zusammengetragen. Es gibt keinen Flecken Humus auf den Inseln. Nichts wächst hier – außer Schilf.

Wir wurden von freundlichen Menschen – vor allem Kindern – empfangen. Für die Frauen und Männer schien unser Besuch nichts Außergewöhnliches zu sein. Sie ließen uns gewähren, störten sich nicht daran, wenn wir neugierig in ihre Behausungen schauten, und sie beantworteten all unsere Fragen – wohl typische für Fremde – mit großer Geduld. Ihre Hütten, aus Strohmatten kunstvoll gefügt, sind an der höchsten Stelle der Insel zu einem Dorf gruppiert. Vor dem Eingang der zeltähnlichen Häuser liegt jeweils die Feuerstelle, kreisrund angeordnete Felsbrocken, auf denen die Töpfe über dem Feuer stehen. Wir stellten uns vor, wie hart die Lebensbedingungen dann sind, wenn Kälte, Regen und Sturm das Wetter bestimmen.

Die Frauen, mit denen wir sprachen, waren in diesen Vormittagsstunden meist mit Handarbeiten beschäftigt. Sie fertigten farbenfrohe Stickarbeiten, so, als wollten sie die Eintönigkeit der sie in der Natur umgebenden Farben aufheben. Die Unterhaltung mit ihnen bedurfte der Übersetzung durch die Kinder. Die Urus sprechen ihre eigene Sprache, sie ist nicht mit Aymara oder Quechua verwandt.

Abseits der Schilfhütten steht das einzige feste Haus auf den Inseln. Es ist die Schule, die Adventisten hier unterhalten. Die wenigen Kinder der Inseln lernen hier lesen und schreiben, werden vertraut gemacht mit einer anderen Welt als der ihren. Doch nichts auf der Welt, nicht die verlockendsten Angebote konnten die Urus bis heute bewegen, ihre Inseln zu verlassen und sich als Bauern irgendwo anzusiedeln. Ihr Stolz ist das Nomadendasein. Wir befürchteten damals, 1970, daß sie ob dieser Haltung die Aufmerksamkeit der Touristen in hohem Maße erregen könnten und so ihre unverwechselbare Lebensart zum Objekt der Tourismusindustrie verkommen könnte.

Ich kehre zurück von meinen Gedankenflügen auf den harten Polder im leeren Hafen von Guaqui. Wir befinden uns ja eigentlich auf der Fahrt nach Corpa, das hinter dem zerklüfteten Bergrücken liegt, der den Titicacasee hier im Süden begrenzt. So verlassen wir also den einst so bedeutenden Ort und fahren weiter zu dem Teil des Altiplano, der sich zwischen diesem Bergrücken und der West-Kordillere an der Grenze zu Peru hin ausbreitet.

In Corpa erfahre ich, daß wenige Kilometer von hier im Dorf Uruito am Desaguadero vierundzwanzig Uru-Familien leben. Vor langer Zeit haben sie sich dort niedergelassen, wo der Abfluß des Titicacasees noch einmal etwa einen Kilometer breit wird. An einem Spätnachmittag brechen wir in Begleitung der Gemeindehelferin Schwester Maria auf, um die dort lebenden Exil-Urus zu besuchen. Obwohl wir einen geländegängigen Jeep haben, läßt der Zustand des Weges nur eine Durchschnittsgeschwindigkeit von fünf Kilometern in der Stunde zu. In achstiefen Furchen kommen wir nur im Schrittempo vorwärts. Bäche haben in der gerade erst zu Ende gegangenen Regenzeit tiefe Gräben in die Straßen gerissen. Ich muß alles aufbieten, was mich bolivianische Reisen an Fahrkünsten gelehrt haben, um nicht hängenzubleiben.

Trotz unseres geringen Tempos holen wir drei Radfahrer ein, die sich auf der schlechten Straße mehr schiebend als fahrend dahinplagen. Sie sind auf dem Heimweg vom Sonntagsmarkt in Corpa. Für sie ist, wie für alle Indianer, der Markt (neben

der Fiesta) das wichtigste gesellschaftliche Ereignis. Da werden nicht nur Waren zum Verkauf angeboten, da werden vor allem Neuigkeiten ausgetauscht, da nimmt man an Fortbildungskursen teil oder besucht den Gottesdienst. Diese drei jungen Leute haben also wieder »aufgetankt« für eine von Eintönigkeit geprägte Woche im Dorf. Als sie uns bitten, mitgenommen zu werden, rücken wir auf unseren Autositzen gerne etwas näher zusammen und verkeilen die Fahrräder auf dem Dachständer. Ihre Gesichter strahlen. Sie erweisen sich schnell als aufgeschlossene Gesprächspartner. So erfahren wir in kurzer Zeit viel über das Leben in Uruito. Ihre Muttersprache ist Puquina. In dieser Gegend wird sie nur von diesen vierundzwanzig Familien gesprochen. Sie ist das Erbe, das sie über die lange Zeit der Trennung vom einst großen Stamm der Urus auf den Inseln des Titicacasees bewahrt haben. Doch die drei jungen Leute sprechen neben ihrer Muttersprache ebenso fließend Aymara und Spanisch. Welcher gebildete Europäer beherrscht denn mit zwanzig Jahren schon fließend drei Sprachen? Und diese drei Radfahrer erweisen sich auch als politisch äußerst wache Menschen. Sie haben eine Sicht von Entwicklung und Zukunft, die manchem Entwicklungspolitiker alle Ehre machen würde. Sie möchten ihr Schicksal selbst in die Hand nehmen und sie glauben, auf dem Fundament indianischer Tradition und unter sinnvoller Nutzung der Technik die Zukunft gestalten zu können.
Wir nähern uns Uruito. Die Sonne ist schon untergegangen und legt nur noch ihren goldenen Abglanz auf den breiten Desaguadero. Über Felder und Häuser ist schon die schwarze Decke der Nacht gebreitet. Alles wirkt wie wechselnde Scherenschnittbilder vor rotgoldenem Hintergrund. Im Scheinwerferkegel unseres Fahrzeugs taucht der Hof des Gemeinschaftshauses auf. Schnell sind wir von lärmenden Kindern umringt. Sie begrüßen uns, als ob wir alte Freunde wären, dabei kennen sie nur Schwester Maria aus Corpa. Die Kinder bitten uns, zum Fluß mitzukommen, solange die Dämmerung noch ein wenig Licht spendet. Sie springen uns

voraus durch die dunklen Gassen des Dorfes, vorbei an den finsteren Mauern und Häusern der einzelnen Gehöfte. Sie lachen und tollen, als wären sie die glücklichsten Kinder der Welt. Vermutlich sind sie es auch.

Kaum sind wir an der letzten Mauer des Dorfes vorbei, breitet sich etwas tiefer der Fluß wie ein See, in dem sich das letzte Licht dieses Tages spiegelt. Wir gehen zum Ufer hinunter. Segel- und Ruderboote sind an Pfählen befestigt und schaukeln auf den sanften Wellen, die der Wind ans Ufer treibt. Die Kinder springen flugs in die Boote. Sie sind mit Wasser und Schiffen vertraut. Die Älteren unter ihnen – sie mögen vielleicht zwölf Jahre alt sein – erzählen, daß sie oft alleine die ganze Nacht hindurch fischen und dabei bis ans andere Ufer hinübersegeln: Kinder eines kleinen Volkes, das ausschließlich vom Fischfang lebt. Es besitzt weder Felder noch Tiere. Die hier dominierenden Aymara haben nicht zugelassen, daß die Zugewanderten Felder bekamen. So sind die Urus auch hier darauf angewiesen, sich Feldfrüchte gegen Fische einzutauschen.

Im Gemeinschaftshaus, das tagsüber als Schulraum und sonst für Zusammenkünfte aller Art dient, hat soeben ein Alphabetisierungskurs für Frauen begonnen. Sie treffen sich jeden Sonntagabend, um ihre Muttersprache in lesbaren Zeichen vor sich zu sehen und auch zu erfahren, was die einzelnen Wörter in der Sprache der Spanier bedeuten. Kerzen spenden das dürftige Licht für den Raum. Alte Frauen und junge Mütter, die zwischendurch ihre Säuglinge stillen, drücken gemeinsam die Schulbank. Der Kurs ist Teil eines reichhaltigen Erwachsenenbildungsprogramms des kirchlichen Zentrums in Corpa.

Die Urus von Uruito haben sich trotz »feindlicher« Umgebung ihre Sprache und auch sonst ihre Stammessitten bewahrt. Sie leben auch heute ausschließlich vom Fischfang – wie ihre Ahnen es taten. Sie, die es wagten, auszuziehen und sich seßhaft zu machen, wurden von ihren Stammesgenossen auf den schwimmenden Schilfinseln geächtet, weil sie gegen die Regeln des Nomadentums verstießen. Jene dagegen, die sich äußerlich ihre Unabhängigkeit bewahrten, indem sie sich einer Seßhaftmachung auf dem Land verweigerten, sind innerhalb weniger Jahre zur touristischen Attraktion verkommen. Sie sind – wohl auch unter dem Druck von Touristikunternehmen – der Verlockung des Geldes erlegen. Dennoch verstehen sie sich als der Teil ihres Stammes, der der Tradition treu geblieben ist. Die anderen in Uruito dagegen verstießen gegen die »Ideologie« des Nomadentums und haben sich so ihre Eigenart bewahrt. Eigentlich verdienen sie unsere Bewunderung. Oder haben sie einfach nur Glück gehabt? Sicher ist, daß Ideologien schon manchen Weg in eine bessere Zukunft verbaut haben.

Zu neuem Leben befreien

In einem kleinen Raum im Pfarr- und Bildungszentrum von Corpa, der auch als Kapelle und Speiseraum dient, sitzen wir dichtgedrängt und lauschen den Worten Pepes. Übersichtlich zeichnet er auf weiße Papierbögen die politische, gesellschaftliche und kirchliche Struktur »seiner« Pfarrei Jesús de Machaca, der ältesten kirchlichen Gründung auf dem bolivianischen Altiplano. Er ist seit mehreren Jahren als Pfarrer hier tätig, nachdem er auf Weisung der Diözesanleitung von La Paz seine frühere Seelsorgestelle in Tiwanaku verlassen mußte, wo er zusammen mit mehreren Jesuiten gearbeitet hatte. Als »zu fortschrittlich« war seine Arbeit beurteilt worden. Ihn, der aus Spanien kommt und der Societa Jesu angehört, versetzte man nach Corpa und wähnte ihn hier am Ende der Welt. Doch das Ende der Welt ist wohl dort, wo kein Leben mehr ist. Hier in der endlosen Weite der Pampa, wo sich der Desaguadero, nachdem er den Titicacasee verlassen hat, noch einmal zu einem See verbreitert, pulsiert neues Leben. Hier wird Gemeinschaft gestiftet und Menschen werden zur Übernahme von Verantwortung befähigt, Fertigkeiten werden vermittelt, Fähigkeiten gefördert und Schutz vor Ausbeutung gewährt. Hier durchdringt das Leben verkrustete Traditionen mit neuem Geist. Das kirchliche Zentrum von Corpa, das Pepe leitet, spielt dabei eine wichtige Rolle.

Pepe zeichnet uns das Bild einer indianischen Comunidad des Jahres 1985. Ganz anders als noch vor dreizehn Jahren, als ich mit bolivianischen Bauern arbeitete, bestimmt heute die Besinnung auf alte indianische Tradition das Leben auf dem Lande. Das Bewußtsein des Indianischen hat sich stark entwickelt. Die überlieferte Gemeinschaft ist heute zunehmend im »Bauernsyndikat« lebendig. Auf der Grundlage alter Kultur ermöglicht es neue Lebensformen, die einem technischen Zeitalter angemessen sind. Im Sindicato wird der

Generalsekretär einer Gemeinschaft (Secretario General) jedes Jahr von allen im Dorf neu gewählt. Er ist mit dem früheren Dorfältesten zu vergleichen. Ihm zur Seite stehen sogenannte Consejos, Räte also, die sich aus mehreren gewählten Mitgliedern zusammensetzen und die für die verschiedenen Aufgaben der Gemeinschaft zuständig sind: für Genossenschaftswesen und Erziehung, für Vorratswirtschaft oder Straßenbau, für Gesundheitswesen oder auch für die Vermarktung der erzeugten Produkte.

Die Pfarrei, von der Pepe spricht, mißt 2400 Quadratkilometer und wird von 28 000 Menschen bewohnt. Das Gebiet ist in 110 Syndikate gegliedert, so daß im Durchschnitt etwa 250 Einwohner auf eine Comunidad treffen. Pepe gesteht zu, daß nicht alle Syndikate gleich gut arbeiten. Aber die Zahl derer, die von Wahl zu Wahl für das Gemeinschaftsleben und für das Wohlergehen des einzelnen Verantwortung tragen, ist mit etwa 3000 Personen sehr groß. Jeder in der Comunidad muß im Laufe einiger Jahre in einem der Consejos mitarbeiten. Entzieht er sich dieser Verantwortung, muß er für die Gemeinschaft andere Dienste tun. Er muß beispielsweise in den gemeinschaftlichen Silo überdurchschnittlich viel Vorrat liefern oder mehr handwerkliche Arbeitsleistung erbringen.

Wenngleich sich diese syndikale Struktur noch längst nicht im ganzen Land durchgesetzt hat, so hat sich nach der Gründung der »Confederación Nacional de Campesinos« (UNICA), also dem nationalen Zusammenschluß aller organisierten Bauern im Jahr 1979, eine Organisationsstruktur »von unten« über die verschiedenen Ebenen herausgebildet: vom Kanton über die Provinz und das Departament bis hin zur Nationalebene. Diese Entwicklung verleiht dem bäuerlichen Stand ein ganz neues politisches Gewicht. Sie war nicht »von oben« verordnet worden, wie das vielfach nach Land- und Strukturreformen in Entwicklungsländern der Fall ist, sondern wuchs – oft gegen den erbitterten Widerstand der politisch Mächtigen – an der Basis, aus der ländlichen Bevölkerung.

Pepe hat, wie alle, die hier leben und arbeiten, in den Jahren 1982 und 1983 die katastrophale Dürre erlebt, die den Altiplano erbarmungslos heimsuchte. Vielfach waren damals die Menschen durch die schreckliche Hungersnot gezwungen, sogar ihre Saatgutvorräte zu verzehren. Dies führte zum völligen Aussterben einiger wichtiger Kartoffelsorten. Der mit dieser Dürre zusammentreffende Wandel des indianischen Bewußtseins wirkte wie eine Initialzündung für die darauf folgende Entwicklung. Die Errichtung von Vorratsspeichern, die verstärkte Wiedergewinnung und Pflege von Saatkartoffeln, Verbesserung der Bewässerungsanlagen, ja sogar das Aufforsten von Teilen des Altiplano wurden aus der Notsituation heraus überall diskutiert und ansatzweise verwirklicht. Der »Plan Sequia 83« wurde geboren, ein Plan, nach dem aus der gemeinsam erlebten Trockenheit Konsequenzen für eine bessere Zukunft gezogen werden sollen. Doch die staatlichen Stellen versagten hierbei wieder einmal kläglich. Kirchliche Institutionen und vor allem die Indianer selbst waren die Träger dieser Entwicklung, die möglicherweise die ländliche Situation Boliviens auf lange Sicht grundlegend verändern und verbessern kann.

Die Ausführungen Pepes lassen uns staunen über das Konzept, nach dem hier in dieser Zone gearbeitet wird. Alle Aktivitäten sind miteinander verknüpft und das Ziel der Arbeit ist deutlich sichtbar: der selbständig denkende und handelnde indianische Mensch, eingebunden in eine autonome Gemeinschaft. Alles ist auf dieses Ziel hin orientiert, die Erziehung und Bildung ebenso wie die Pastoral, die Sorge um die Gesundheit genauso wie die politischen und gesellschaftlichen Strukturen.

Eine wichtige, richtungweisende Rolle spielt dabei das Zentrum, in dem wir uns versammelt haben und in dem wir für einige Tage wohnen werden: CETHA – Centro de Educación Técnica, Humanística y Agropecuaria (Zentrum für technische, humanistische und landwirtschaftliche Erziehung). An dem Konzept, das der Arbeit in diesem Haus der

Auf dem Sonntagsmarkt in Corpa

Erwachsenenbildung zu Grunde liegt, ist die Handschrift Pepes deutlich abzulesen. Er erweist sich als Kenner der indianischen Kultur, des ländlichen Lebens und als sensibler, mutiger und bescheidener Seelsorger.

Die Arbeit von CETHA ist ganz den Möglichkeiten und Fähigkeiten der Teilnehmer und den Notwendigkeiten ihrer Lebenssituation angepaßt. Die Teilnehmer können für ihre Ausbildung zwischen verschiedenen Wegen wählen. Vier Jahre dauert der »große Weg«. Die Studierenden werden dabei mit dem landwirtschaftlichen Kalender ebenso vertraut gemacht wie mit den Methoden der Gruppenarbeit, sie lernen, sich im Theaterspiel auszudrücken und mit der Presse umzugehen. Nicht Spezialisten werden herangebildet, sondern Menschen, die fähig sind, im Dorf und darüberhinaus Führungsaufgaben und Verantwortung zu übernehmen.

Ganz anders der »kleine Weg«. Ein Jahr lang dauern die Kurse, die von den für die Erziehung zuständigen Räten in den Comunidades organisiert und durchgeführt werden. 1400 Bewohner aus den Dörfern nehmen pro Jahr teil. Es geht dabei um die Vermittlung von Grundbegriffen des Lesens und Schreibens, des mitmenschlichen Zusammenlebens, der Landwirtschaft und des Gesundheitswesens.

Dem Zentrum ist ein Institut (IADAP – Instituto Andino de Artes Populares) angegliedert, in dem die Volkskunst gepflegt und entsprechende Techniken und Fertigkeiten weitervermittelt werden: spinnen, weben, tanzen, musizieren, bauen von Instrumenten, töpfern.

Dies alles verstehen Pepe und seine meist einheimischen Mitarbeiter als wesentlichen Teil einer integrierten Pastoral. Die eigentliche pastorale Praxis erleben wir in einem Gottesdienst im Nachbarort Tacaca, wo sich am Sonntagnachmittag über 200 Indianer zum Wortgottesdienst versammeln. Pepe bringt uns im Jeep hin und nimmt wie alle anderen am Gottesdienst teil. Der Versammlung steht ein einheimischer Diakon vor, der auch eine überaus lebendige und anschauliche Predigt hält. Ein junger Mann hält dazu etwa eine halbe Stunde lang eine Tafel, die ihn fast ganz verdeckt. Der Prediger zeichnet darauf Bilder zum Evangelium. Außer uns nimmt noch ein Europäer am Gottesdienst teil. Nachher stellt er sich uns als zweiter Jesuitenpater der Gemeinde vor. An die Kirche angebaut ist eine ärmliche Klause, in der er das Neue Testament und liturgische Texte in die Aymarasprache übersetzt.

Nach dem Gottesdienst lädt uns der Diakon zusammen mit seiner Frau und einigen seiner Verwandten im Kirchhof zur Agape ein. Als ich Pepe dort frage, warum nicht er selbst oder sein Mitbruder den Gottesdienst zelebrierte, gibt er eine knappe Antwort: »Der Diakon ist Aymara, also einer aus dem Volk. Er spricht die Sprache der Aymara, er kennt ihr Leben, er ist einer von ihnen, sie haben Vertrauen zu ihm.« Aber ich frage weiter und will wissen, ob er denn keinen indianischen Priesternachwuchs habe. Und Pepe erklärt mir, daß viele bereit wären, sich zum Priester weihen zu lassen, wenn der Zölibat nicht wäre. Nach indianischem Verständnis sei der nichtverheiratete Mann kein vollwertiges Glied der Gesellschaft und könne daher nicht einer Gemeinde vorstehen. Pepe setzt seine ganze Hoffnung auf die Einsicht Roms, daß die Lebendigkeit der Gemeinde und ihre eucharistische Mitte Vorrang vor dem Festhalten an dem aus dem Mittelalter stammenden Prinzip der verordneten Ehelosigkeit für Kleriker bekommen muß. Doch in unserem Gespräch kommen wir noch auf ein weiteres Problem, das unmittelbar mit dieser Frage zusammenhängt: Der Zölibat erweist sich im Gemeindegebiet von Jesús de Machaca – und wohl nicht nur dort – sehr direkt als »Sektenförderungsprogramm«. Bei all den Sekten, deren es eine Vielzahl unter den indianischen Gemeinschaften gibt, ist der jeweilige Leiter selbstverständlich verheiratet und genießt daher die volle gesellschaftliche Anerkennung. Dies ist für Indianer so wichtig, daß sie in Scharen den Sekten zulaufen, obwohl sich deren soziales Engagement in den Dörfern auf den Bau von Fußballplätzen beschränkt. Ihr erklärtes Ziel ist die Spaltung von kirchlichen

Basisgemeinschaften und indianischen Comudidades. Sie werden von einflußreichen nordamerikanischen Kreisen gefördert. Der Entwicklung eines indianischen Selbstbewußtseins wird so unter Einsatz unbeschränkter Finanzmittel gezielt entgegengearbeitet. Dieser Vorgang ist nicht nur hier auf dem abgelegenen Altiplano, sondern überall in Lateinamerika zu beobachten. Dahinter verbirgt sich die von Nordamerika gesteuerte politische Absicht, eine auf den ganzen Menschen samt seiner sozialen, gesellschaftlichen, kulturellen und wirtschaftlichen Mitverantwortung ausgelegte kirchliche Arbeit wirksam zu unterlaufen. Ob es nicht allein schon diese Entwicklung not-wendig macht, über den Zölibat – auch in Rom – neu nachzudenken?
Am zweiten Tag unseres Aufenthaltes in Corpa fahren wir in Begleitung der Mitarbeiter der Erziehungskommission der Bolivianischen Bischofskonferenz nach Aguallamaya, fünfundzwanzig Kilometer von Corpa entfernt. Die ersten Kilometer bis Jesús de Machaca legen wir auf einer Straße zurück, die den Ort Desaguadero an der peruanischen Grenze und Corocoro über einhundert Kilometer miteinander verbindet. Die Straße ist jetzt, zwei Monate nach der Regenzeit, in einem Zustand, der ein schnelles Vorwärtskommen nicht zuläßt. Immer wieder müssen wir Flußläufe queren und wir werden in der engen Fahrzeugkabine kräftig durchgeschüttelt. Schon von Corpa aus können wir auf einer leichten Anhöhe in der sonst tischebenen Weite des Altiplano den mächtigen Bau der kolonialbarocken Kirche von Jesús de Machaca erkennen. Am Ortseingang spiegelt sich der von mehreren Kuppeln und halbrunden Apsiden reich gegliederte Bau in einem klaren See, an dessen Ufern Schafe und Lamas friedlich weiden.
Dieses Dorf durchweht noch heute spanischer Kolonialgeist wie selten irgendwo. Vor der mächtigen Kirche liegt ebenso mächtig das riesige Quadrat der Plaza, als ob sie auf den Aufmarsch mehrerer Legionen warte. Doch in dieser hellen Vormittagsstunde wirkt der Platz mitsamt seinem behäbigen

Pavillon in der Mitte verschlafen und öd. Selbst der verblichene Prunk des hoch aufragenden Kirchenbaus mutet fast peinlich an in diesem sonst armen Dorf. Einst hatte es wohl eine große Bedeutung, als die Kirche noch die Kirche der Reichen, der Großgrundbesitzer und Minenbetreiber war. Heute hat Kirche hier ein anderes Gesicht. Sie trägt Züge der Armut, sie versteht sich als Anwalt derer, die der Hilfe bedürfen und oft verzweifelt um ihre Würde und um das tägliche Überleben kämpfen.
Nach einer weiteren Stunde Fahrt erreichen wir Aguallamaya, ein kleines Dorf mit weitverstreuten Gehöften am behäbig dahinfließenden Desaguadero. Wahrscheinlich ahnen die Dorfbewohner noch kaum, wie sehr ihre Comunidad eine Sonderstellung unter den tausenden von Altiplano-Comunidades einnimt. An der Dorfschule wird nämlich nach einer Methode unterrichtet, die derzeit nur in vier Orten Boliviens angewendet wird: Educación Rural Bilingüe de Mantenimiento (Bewahrende zweisprachige ländliche Erziehung). Dieses Erziehungsmodell steht bewußt im Gegensatz zu den sonst in diesem Land praktizierten: zur Educación Rural Tradicional (Traditionelle ländliche Erziehung) und zur Educación Rural Bilingüe Transisional (Hinüberführende zweisprachige ländliche Erziehung). Ziel dieser letzten beiden Methoden ist die Castillanisación der Aymara-Kinder, also die Hinführung zur spanischen Sprache, bei der gleichzeitig beziehungsweise Schritt für Schritt die indianische Muttersprache bewußt verdrängt wird.
Nichts unterscheidet äußerlich die Schule von Aguallamaya von anderen Schulen Boliviens. Ein weiter, durch eine mannshohe Lehmmauer eingefriedeter Schulhof liegt vor den ebenerdigen Schulgebäuden. In der Mitte des Hofes steht auf einem gemauerten Sockel eine Stange, an der müde die rot-grün-gelbe bolivianische Fahne hängt. Es ist Pausenzeit und auf dem Hof tummeln sich hunderte von Grundschülern. Im Nu sind wir umringt von dunkelhäutigen Kindern in Schulkleidung, weißen knielangen Kitteln für die Buben und

weißen Schürzen für die Mädchen. Die Kinder gehen unbefangen auf uns zu, fragen, woher wir kommen und ob wir an ihrem Unterricht teilnehmen. Wir finden nicht die sonst Fremden gegenüber übliche Scheu indianischer Kinder. Sie ist hier bewußt nicht anerzogen.

Ein Lehrerehepaar, das seit mehreren Jahren hier arbeitet, erzählt uns vom Besonderen dieser Schule. Beide sind Aymara und wurden – wie alle Lehrer – an einer staatlichen Lehrerbildungsanstalt ausgebildet. In einer Zusatzausbildung der bischöflichen Erziehungskommission waren sie mit der neuen Methode der »Bewahrenden zweisprachigen ländlichen Erziehung« vertrautgemacht worden. Seither arbeiten sie mit Leidenschaft für dieses Modell.

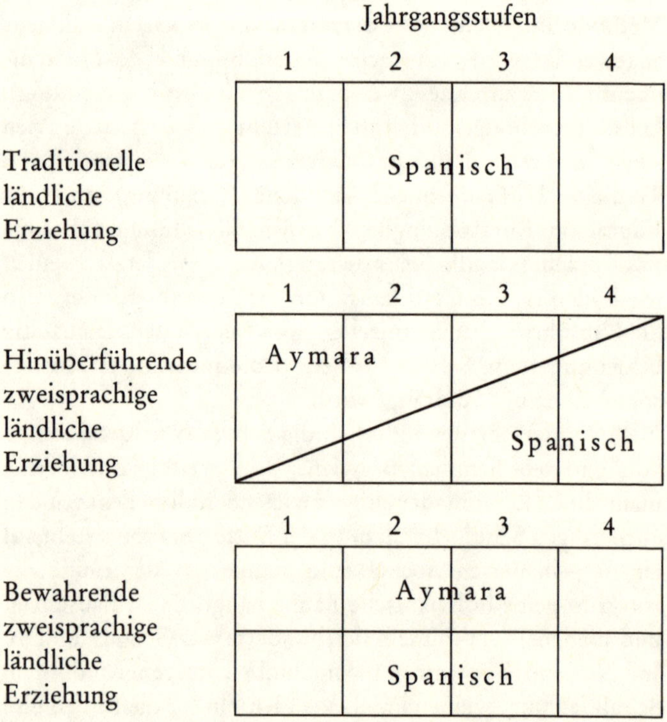

Die beiden erklären uns, worum es dabei geht: Ziel dieser schulischen Bildungsarbeit ist die systematische Pflege der Aymara-Kultur. Gleichzeitig wird Spanisch gelehrt. Beide Sprachen stehen im Unterricht gleichwertig nebeneinander. Die Sprache ist unverzichtbarer Bestandteil der Kultur eines Volkes. So leistet der Schulunterricht mit ihrer Pflege einen entscheidenden Beitrag zur Wahrung der kulturellen Identität nicht nur der Kinder, sondern auch der Familien, aus denen sie kommen. Für die Aymarasprache trifft dies besonders deswegen zu, weil sie eine lebendige Klammer von Mythos und Leben bildet. Fast allen ihrer Wörter wohnt ein mythologischer Ursprung und Sinn inne, die dem indianischen Leben auch heute noch Richtung und Inhalt geben. Sprachverlust tötet also Kultur.

Allein mit der Übersetzung spanischsprachiger Unterrichtsbücher in die Muttersprache der hier lebenden Menschen wäre noch nicht viel gewonnen. Schulbücher, nach denen üblicherweise an bolivianischen Landschulen unterrichtet wird, gehen vom Leben in der Stadt aus. Der Indianer kommt bestenfalls als Campesino, meist aber als Verrichter niederer Arbeiten im Dienst der Reichen oder als abhängiger Minenarbeiter vor. Das vermittelte Lebensmodell ist europäisch geprägt. Es hat nur wenig mit den Erfahrungen zu tun, die die Kinder bisher im Elternhaus und in der dörflichen Lebensgemeinschaft gemacht haben und künftig auch machen werden. Über so ein Unterrichtsmaterial leitet sich bereits bei den Kindern eine kulturelle Entwurzelung ein, die später zur verhängnisvollen Landflucht und zum städtischen Proletariat führt. So kann Alphabetisierung, die an sich sinnvoll erscheint, trotzdem ursächlich zur Verelendung breiter ländlicher Bevölkerungsschichten beitragen.

Es war also notwendig, eigene Schulbücher zu entwickeln, sowohl für diese Schule hier, als auch für alle, die nach dieser neuen Methode arbeiten sollen. Diese Arbeit wurde durch die bischöfliche Erziehungskommission geleistet. Für die vier Jahrgangsstufen der Grundschule sind die Bücher fertiggestellt. Abbildungen und Texte zeigen das ländliche Leben, sie erzählen in Aymara von Tieren und Pflanzen, vom Ackerbau und vom Fischfang, von der Webkunst und der Musik, von der Schule und auch von der Pachamama, der Mutter Erde. Im spanischen Teil ist mehr die Rede vom Leben in der Stadt, von Technik und Verkehr, vom Rechnen und von der Biologie, vom Militär und auch von der Uhrzeit. Die Kinder lernen somit von der ersten Schulklasse an nicht nur zwei Sprachen lesen und schreiben, sie werden auch mit zwei sie früher oder später umgebenden Kulturkreisen vertraut gemacht.

Nicht Ruhe und Ordnung oder gar Duckmäusertum und Unterordnung werden als erste Bürgerpflichten hier gelehrt, sondern Kritikfähigkeit und Verantwortungsbewußtsein, Körpersprache und Fantasie, Mut zu Spontaneität und Selbstbewußtsein. Eine kleine Kostprobe gibt uns in einem Klassenzimmer ein Zehnjähriger, als er uns in Aymara mit reicher Gestik einen Text eines indianischen Bauernführers vorträgt. Hier wird nicht indianische Geschichte verleugnet oder verniedlicht, hier wird der Mensch nicht niedergedrückt oder verachtet. Hier lernen Kinder Politik in des Wortes bester Bedeutung. In dieser Unterrichtsstunde wird mir klar, was der wenige Wochen vorher zum Generalsekretär der Bischofskonferenz Boliviens gewählte Weihbischof Luís Sáinz, heute Erzbischof von La Paz, selbst Aymara, wirklich meinte, als er sagte: »Wir müssen als Kirche die Identität der Indianer stärken, die die Inka, die Conquista und das Industriezeitalter überdauert hat. Dazu sind nicht Almosen nötig, sondern die Stärkung aller Kräfte, die im Volk selbst vorhanden sind. Wenn es uns gelingt, diese Kräfte zu wecken, ist mir um die Zukunft unseres Volkes nicht bange.«

Ob dieses Modell über die vier Orte, in denen es praktiziert wird, hinaus eine Chance für die Zukunft hat, wird wohl sehr entscheidend davon abhängen, inwieweit diejenigen, die es entwickeln, tragen und verantworten, Standhaftigkeit und Kraft besitzen und sich der Solidarität von außen gewiß sein dürfen. Hoffnung besteht durchaus. Die bolivianische Kirchenleitung ist soeben dabei, sich aus der unheilvollen Umklammerung durch das Besitzbürgertum zu lösen, um frei und unabhängig für die Würde und die Rechte der niedergedrückten Indianer eintreten zu können. Die kirchliche Basis hat diesen Schritt längst vollzogen. Pepe ist dafür ein leuchtendes Beispiel.

Auf Inkaspuren

Zwischen den Fünftausendern Mururata und Hati Kkollu stehen wir zu dritt auf dem 4620 Meter hohen Paß. Hier herüber führt eine der Straßen, die schon in inkaischer Zeit vom Hochland in die Urwaldtäler am Nord-Ost-Abfall der Anden führten. Freunde hatten Gerd, Hubert und mich vor einer Stunde zu einem entlegenen Dorf in einem Tal bei Palca gebracht. Über einen schmalen Steig hatten wir ein noch erhaltenes Stück dieser alten Paßstraße erreicht. Kunstvoll war hier vor vielen hundert Jahren eine Stützmauer in steiles Felsgelände gebaut worden. Auf ihr ruht eine mit exakt ineinandergefügten Steinplatten gepflasterte Straße, die den letzten Steilaufschwung vor dem Paß überwindet. Von hier ist der Blick frei ins Tal des Rio Taquesi. Durch den Grund dieses Tales zieht sich vor uns – in der Entfernung immer schmäler werdend – ein helles Band: unser Weg. Ihn wollen wir zum dreißig Kilometer entfernten Chojlla gehen. Es lockt uns, wenigstens ein kurzes Stück dieses einst weit verzweigten und gut ausgebauten Straßennetzes zu erwandern. Es verband das riesige Inkareich von Kolumbien bis Südchile. Über diese Straßen transportierten Staffettenläufer, Chaskis genannt, Nachrichten bis zu dreihundertfünfzig Kilometer pro Tag. Wir haben uns lediglich vorgenommen, dreißig Kilometer an diesem Tag zu schaffen. Chojlla liegt allerdings 2600 Meter tiefer. Wir werden also, wenn alles gutgeht, in etwa zehn Stunden mehrere Klimazonen von der arktischen Tundra bis zum tropischen Urwald durchwandert haben.

In der Nähe des Passes entdecken wir mehrere kleine Mineneingänge. Etwas unterhalb der Paßhöhe liegen aneinandergereihte Hütten, elende Behausungen von Bergarbeitern, die in der kleinen Mine »Andina« nach Wolfram schürfen. Sie leben hier auf viereinhalbtausend Metern Höhe, nahe der Grenze, über der menschliches Leben auf Dauer nicht möglich ist.

Die Inkastraße, auf der wir nun talwärts wandern, ist so gut ausgebaut und erhalten, daß man mit einem geländegängigen Fahrzeug ohne größere Schwierigkeiten hier fahren könnte. Doch bei den Inka war das Rad unbekannt. Alle Lasten wurden von Menschen oder Lamas transportiert. Wenngleich heute von Indianern Fahrräder benützt und auch Güter auf Motorfahrzeugen über große Strecken befördert werden, so ist doch die Verwendung des Rades für Arbeiten im Haus und auf dem Feld bis heute nicht üblich. Es gibt weder Erntewagen noch Handwagen oder Schubkarren. Dies ist ein Beispiel dafür, wie zäh und beständig indianische Tradition ist. Viele indianische Sitten und Gebräuche konnten sich bis heute erhalten. Nur gewaltsame Eingriffe und Unterdrückung vermögen sie zu ändern.
Alles in diesem Tal trägt indianische Namen. Das deutet darauf hin, daß es schon zu Zeiten der Inka-Könige eine wichtige Rolle spielte (vielleicht sogar schon früher, als die Aymara im Talkessel des heutigen La Paz siedelten und das Heiligtum Tiwanaku am Titicacasee seine Hochblüte hatte). So trägt auch die Lagune, die wie ein funkelndes Juwel einige hundert Meter unter uns liegt, einen indianischen Namen: Loro Kheri. Ehe wir den kleinen See erreichen, müssen wir noch einige steile Spitzkehren und die dazwischenliegenden schnurgeraden Straßenstücke über die glattpolierten Steinplatten hinunterstolpern.
Von irgendwoher trägt der Wind die Flötenmusik eines Schaf- oder Lamahirten. Das, was als indianische Folklore durch viele Musikgruppen heute in alle Welt getragen wird, hat seine Wurzeln beim einfachen Volk: bei den Hirten und Schamanen, bei den Fischern und Bauern. Die Musik ist pentatonisch aufgebaut. Sie ist auf einer Tonleiter mit fünf ganzen Tönen ein wichtiger Bestandteil des Lebens in Einheit mit der Schöpfung. Echte andine Musik entspringt dem Nachahmen von Lauten aus der Natur. Die Stimmen von Tieren, das Gluckern des Baches, das Rauschen des Windes und der Schwingen des Kondors – sie liefern die Grundmotive für

musikalische Erzählungen. Dazu kommen die Riten und Bräuche, deren Anliegen und Botschaften durch Musik und Tanz ausgedrückt werden. Das Leben der bäuerlichen Indianer ist nicht zerteilt in Zeiten der Arbeit und in Zeiten der Musik. Arbeit und Musik bilden eine Einheit. Sie spiegelt die kosmische Ordnung des Alls.

Am Rand der Lagune, ganz nahe bei unserer Straße, breitet sich nach einem sehr steilen Wegstück in grünen Matten und saftigen Wiesen ein kleines Ruinenfeld. Die unbehauenen Steine der verfallenen Gebäude deuten darauf hin, daß es sich um profane Bauten gehandelt haben muß. Vielleicht war es einst ein Rastplatz, vielleicht sogar eine Herberge für die Transportkarawanen, die Silber aus der Mine von Chojlla oder Früchte aus den tropischen Tälern auf die Hochebene transportierten. Die inkaischen Dorfgemeinschaften des Altiplano besaßen meist auch Anbaugebiete in tieferen Regionen und versorgten sich so mit Mais und Früchten des Regenwaldes. Erst die Spanier trennten fruchtbares von weniger fruchtbarem Land. Sie drängten die Indianer in die höheren Regionen und beanspruchten die ergiebigen Landstriche für sich. Die wohldurchdachte Wirtschaftsstruktur der Inka, in der niemand hungern mußte, wurde zerstört. Die Verelendung der Landbevölkerung war eingeläutet.

Langsam wird entlang unseres Weges die Vegetation reicher. Das Tal weitet sich trogförmig aus. Einfriedungen um Wiesen und Felder lassen eine intensivere Nutzung erkennen. Wir befinden uns auf der Estancia Taquesi, einem kleinen ehemaligen Landgut. Am Ende des fast zwei Kilometer langen Talbodens liegt ein kleines Dorf, zu Zeiten der spanischen Conquista wohl eine Art Hochalm, auf der Lamas und Schafe geweidet wurden. Die Häuser des Dorfes und die sie umgebenden Mauern sind aus Lehmziegeln gebaut und mit Ichu eingedeckt. Niemand ist zu sehen, und doch sind wir sicher, daß wir von vielen Augen beobachtet werden.

Schon vor einiger Zeit ist das grelle Sonnenlicht grauen Nebelschwaden gewichen, die uns umgeben. Sie lassen die meist zweistöckigen Häuser, an denen eine Außentreppe in die obere Etage führt, abweisend erscheinen. Die geschlossenen Türen in den hohen Lehmmauern, die jedes Haus umschließen, machen den Ort wie zu einem Geisterdorf. Bei unserer Vorbereitung auf diese Wanderung hatten wir eine Übernachtung hier nicht ausgeschlossen. Doch jetzt ist mir dieser Gedanke unangenehm. Es besteht auch glücklicherweise keine Notwendigkeit hierzubleiben, denn es ist erst kurz nach Mittag.

Die Wolkendecke, von der wir jetzt eingehüllt sind, liegt fast während des ganzen Jahres auf gleicher Höhe über den Yungas. Diese meteorologische Stabilität durch die Jahreszeiten schafft zuverlässige klimatische Bedingungen. Unter den Wolken ist es gleichmäßig warm und feucht. Die gleichzeitige natürliche Dauerbeschattung trägt dazu bei, daß in diesen Tälern eine der besten Kaffeesorten Lateinamerikas reift.

In diesem Klima gedeiht an den steilen Hängen der Yungas auch die Cocapflanze prächtig. Seit Jahrtausenden zählt sie bei den Aymara zu den heiligen Pflanzen. Ihre Blätter tragen nach dem Glauben der Indianer Kräfte des Lebens. Sie dienen als Heilmittel, als Medium bei der Zeremonie des Schauens in die Zukunft, als kostbare Opfergabe, als Mittel gegen Höhenkrankheit und Hunger. Der Mutter Coca war in einem der ältesten indianischen Heiligtümer dieses Kontinents, in Tiwanaku, eine große Steinstele geweiht. Sie stand im Vorhof des Tempelbezirks neben der Säule, die der Mutter Mais geweiht war. Beide zusammen erinnerten wohl die Schüler der Heilkunst in Tiwanaku schon vor der Blütezeit der griechisch-römischen Kultur daran, daß ein gesunder Geist und ein gesunder Körper zusammengehören.

Und was ist Coca heute? Die unstillbare Gier nach Geld und Besitz hat auch vor diesem kostbaren Gut indianischer Kultur nicht haltgemacht. Sie hat dieses Geschenk der Natur der Chemie preisgegeben. Doch diese ist – wie in vielen anderen Fällen – auch hier ein Werkzeug des Teufels: Sie nimmt die

Substanz der heiligen Coca und macht sie zur lebenzerfressenden Droge. Diese ist vieltausendmal stärker als die Pflanze, aus der sie gewonnen wird.

Kokain bedroht in diesem Land nicht nur den einzelnen Menschen, es bedroht die ganze Gesellschaft. Für die Ernährung der Bolivianer wichtigstes Ackerland wird zunehmend zum Anbau von Coca verwendet. Viele Campesinos haben sich längst in die Abhängigkeit der Pichicateros, der Cocahändler, und damit der Kokain-Mafia begeben. Sie sind verständlicherweise der Verlockung ergiebiger Ernten erlegen. Viele von ihnen treten auch barfüßig die Blätter der Coca zu flüssigem Brei. Sie nehmen so durch die Fußsohlen Giftstoffe in sich auf, ehe das Material weiterverarbeitet wird. Ihre Entlohnung erfolgt vielfach durch fertigen »Stoff«, den sie an Konsumenten weiterzuverkaufen gezwungen sind. So hat man sie als Produzenten, Verarbeiter und Händler nicht nur selbst zu Drogenabhängigen, sondern auch zu billigen Helfern einer verbrecherischen Bande gemacht, die international organisiert ist. In der Stadt Santa Cruz im Osten des Landes, dem Hauptumschlagplatz der auf dunklen Wegen nach Nordamerika und Europa exportierten Droge, waren im Jahr 1985 fünfzehntausend kokainabhängige Jugendliche namentlich bekannt.

Dort kann sich auch der »Kokainkönig« Roberto Suárez ungehindert frei bewegen und sich damit brüsten, sämtliche Auslandsschulden des Landes (etwa vier Milliarden US-Dollars) begleichen zu können. Dies alles ist möglich, weil höchste Repräsentanten des Staates und des Militärs in dieses die Moral eines Volkes aushöhlende Geschäft bis heute verwickelt sind. In einem in Spanien veröffentlichten Buch »Rauschgift und Politik – Militarismus und Maffia in Bolivien« ist eine Liste derer enthalten, die das Geschäft mit der Droge am intensivsten betreiben und es durch paramilitärische Einheiten absichern. Bekannte Dealer und Söldner, Mörder und Folterer, Terroristen und ehemalige Mitglieder der NS-Gestapo und der Waffen-SS tauchen darin auf. Doch auch ehrenwert erscheinende Berufe wie Generäle und Lehrer, Majore und Universitätsprofessoren, Bauernführer und Ministerialbeamte, Pastoren, Zöllner und Minister finden sich unter ihnen. Von den Ausländern spielen besonders die Deutschen eine herausragende Rolle. Wenngleich seit 1984 ein deutliches Bemühen der Regierung zu erkennen ist, dem kriminellen Treiben ein Ende zu setzen, so wütet doch der intakte Apparat des Verbrechens im Verborgenen weiter wie eine nicht auszurottende Seuche. Wie beschämend, was wir Europäer aus der Kultur eines Volkes gemacht haben, die uns niedrig erschien!

Innerhalb der Siedlung Estancia Taquesi war die Inkastraße als solche nicht zu erkennen, doch kurz nach dem letzten Haus liegt sie wieder vor uns, als wäre sie erst vor kurzer Zeit mit diesen Steinen gepflastert worden. Alle Durchlaßbauwerke und Stützmauern sind vollständig erhalten und funktionieren wie vor fünfhundert Jahren. Wir bewundern sie heute als große Leistung einer versunkenen Kulturepoche, aber sie sind auch Zeugen eines gigantischen Zerstörungswerkes geworden. Über die gleichen Straßen nämlich, die dem Zusammenhalt eines großen Volkes dienten, konnten die spanischen Eroberer in der Mitte des 16. Jahrhunderts ungehindert ins Innere des Inkareiches vordringen und die gesellschaftlichen Strukturen zerschlagen, die dem einzelnen Halt und Sicherheit boten: Jeder erwachsene Mann erbrachte zum Wohl der Allgemeinheit eine Art Steuer, die sogenannte *mita*, indem er unbezahlte Arbeitseinsätze für Straßenbau, Militär und im Bergbau leistete. Die *mita* war durch strenge Arbeitsschutzbestimmungen genau geregelt. Doch die Spanier nützten diese »Zwangsarbeit« hemmungslos für den eigenen Profit. Die schützenden indianischen Bestimmungen wurden mißachtet, und die Arbeitskraft wurde rücksichtslos ausgebeutet. Bis heute haben die Indianer an den Folgen dieser Sklaverei schwer zu tragen. So, wie sich die Straße vor uns im dichten Nebel verliert, ist sie ein Sinnbild für das oft so aussichtslose Leben, das die Nachfahren der Inka auf den Ruinen einer einst blühenden Kultur fristen. Es sind ihnen nur die Steine geblieben.

Mit zunehmender Vegetation an unserem Weg sind auch die schmalen Streifen Erde zwischen den Steinplatten immer dichter mit saftig grünem Gras bewachsen. Es ist, als kämen wir in eine gut gepflegte Gartenlandschaft. Bald bleibt auch der Nebel über uns zurück, und es wird schlagartig so warm, daß wir Anorak und Pullover in unseren Rucksäcken verstauen. Auf einer Brücke überqueren wir den immer reißender werdenden Bergbach. Die Widerlager der Brücke sind gut erhalten und tragen zuverlässig die schweren Balken und Bretter. Neben unserem Weg wachsen immer mehr Blumen. Wir erkennen niedrigwachsende Begoniensorten und vielerlei Arten von Orchideen, jedoch die meisten Blumen kennen wir gar nicht. Wir staunen über das vielfältige Blühen, über die fremdartig erscheinenden Formen und Farben, die das feuchtwarme Klima hervorbringt. Zwar war jeder von uns schon mehrmals in den Yungas, doch nie hatten wir den Übergang vom Hochgebirge zum Regenwald so bewußt erlebt wie heute. Ich möchte in diesem Moment mit niemandem tauschen, der auf den »normalen« Zugangswegen im Fahrzeug diese Täler zu erreichen trachtet. Er-gehen scheint doch mehr zu sein als er-fahren.

An manchen Stellen ist unsere Straße sehr steil und durch die Feuchtigkeit auch sehr glitschig. Diese Abschnitte müssen wir rückwärtsgehend auf allen vieren überwinden. Plötzlich gabelt sich der Weg. Der Steinbelag ist nicht mehr zu erkennen, und wir können nur vermuten, wie es weitergeht. Wir entscheiden uns – logisch – für den Weg, der näher beim Bach bleibt. Und doch erweist sich unsere Entscheidung nach einiger Zeit als falsch. Der Weg führt ohne Brücke über den Bach, verliert sich auf der anderen Seite im Gebüsch, und wir kehren um.

Auch der obere Weg macht einen zweifelhaften Eindruck. Nichts deutet mehr darauf hin, daß wir auf einer »ausgebauten« Straße sind. Scheinbar hat die üppige Vegetation alles

überwuchert und damit auch im Laufe der Jahrhunderte zu verstärkter Humusbildung geführt. Hohes Gras und Buschwerk haben aus der fast drei Meter breiten Straße ein schmales Steiglein werden lassen. Kein einziger Stein ist mehr zu sehen. Es beginnt ein langer, ermüdender Marsch durch wenig abwechslungsreiche Landschaft bis zum nächsten ehemaligen Landgut, zur Estancia Cacapi. Viel offener und freundlicher als das letzte zeigt sich dieses Dorf. Es liegt inmitten ausgedehnter Felder und Weiden. Gruppen von Eukalyptusbäumen gliedern die Landschaft und zwischen den Häusern wachsen Hibiskus- und Kantutasträucher. »Haus der magischen Musik« heißt das Aymarawort Kantuta. Sie ist die wichtigste Blume der Anden. Neben dem dreizackigen Illimani ziert sie das bolivianische Staatswappen.
Das Dorf zieht sich fast einen Kilometer hin. Von hier aus ist an einem Gegenhang der nächste Ort zu sehen: Estancia Chojlla. Vermutlich hat dieses Landgut einst zur weiter draußen im Tal liegenden Mine gehört und die entsprechenden landwirtschaftlichen Güter produziert. Alles ist hier grün, üppig und fruchtbar.
Hinter der Estancia Chojlla müssen wir auf eineinhalb Kilometer fünfhundert Höhenmeter hinunter zum Rio Taquesi überwinden. Er war uns seit der Weggabelung in die Tiefe vorausgeeilt. Am Fluß treffen wir auf einen kleinen Staudamm, der das meiste Wasser des Baches in einen Kanal umleitet, den wir bis zur Mine entlanggehen. Dort wird die Wasserkraft zu elektrischem Strom, der die Förderanlagen von Chojlla antreibt.
Chojlla war noch über die Inkazeit hinaus eine ergiebige Silbermine. Die Spanier waren zur Zeit des Silberbooms sogar darangegangen, von La Paz nach Chojlla eine Eisenbahnlinie zu legen. Doch bereits während des Baus erwies sich dieses Projekt im überaus steilen Gelände der Yungas als undurchführbar und nicht lohnend. Wie in vielen Gruben Boliviens war auch hier das vorkommende Zinn nicht beachtet worden. Es war bis vor etwa hundert Jahren nicht verwertbar. Erst als

der Silberstrom versiegt war, wandte man sich in Abraumhalden und unter Tage dem »neuen« Metall zu.
Jetzt, Anfang der Siebzigerjahre, leben noch etwa 3000 Menschen hier in Chojlla. Die Erzvorkommen liegen weit verstreut und das steile Gelände hat kostspielige Anlagen erforderlich gemacht. So führen von 2000 Meter über dem Meer eine Straße und eine Seilbahn bis zu einem zwölfhundert Meter höher gelegenen weiteren Minenfeld.
In einer einfachen Hosteria inmitten der Bergarbeiterwohnungen verbringen wir die Nacht. Ohne Unterbrechung laufen bis in den Sonntag hinein Maschinen, Förder- und Aufbereitungsanlagen, und lassen uns und die Menschen hier nicht zur Ruhe kommen. Am Sonntagfrüh erfragen wir eine Fahrgelegenheit zurück nach La Paz. Ein Lkw-Fahrer der staatlichen Bergwerksgesellschaft COMIBOL ist bereit, uns mitzunehmen. Er läßt uns auf den Säcken mit dem noch warmen Metall Platz nehmen. Das Fahrzeug sieht aus, als ob es fast unbeladen sei, doch die wenigen Säcke auf der Ladefläche haben ein hohes Gewicht. Die Wärme aus den Säcken gibt mir ein Gefühl der Nähe oder der Vertrautheit, das ich nicht recht deuten kann. Ist es die Nähe zu den Menschen, deren Angst und Schweiß so eng mit dem wertvollen Metall aus dem Innern des Berges verbunden ist? Oder ist es die Nähe zu diesem Erz, einem Stück unserer Mutter, der Erde, die noch immer zahllose Schätze birgt, von denen wir vielleicht noch gar nichts wissen – so wie einst die Inka vom Zinn?
Als wir mit vielen weiteren Fahrgästen an Bord wegfahren, hat sich für kurze Zeit die Wolkendecke gelichtet, und der Blick ist frei hinauf zum Mururata, der wie ein leuchtendes Diadem über dem Tal mit den aschgrauen Förderanlagen und den Behausungen der Bergleute prangt. Wir vertrauen uns dem Lastwagenfahrer an, der uns auf der gefährlich ausgesetzten Straße über den 4658 Meter hohen Paß Cumbre nach La Paz bringen soll. Ich weiß von meinen Fahrten mit dem eigenen Fahrzeug zu den Kaffeegenossenschaften in Coroico

um die vielen Gefahren dieser Straße. Abgestürzte Lkws und Busse hatte ich in den steilen Hängen und in den tiefen Schluchten der Yungas liegen sehen. Einmal hatte man von einem Lkw das Schild mit dem Namen des Fahrzeugs, das üblicherweise über dem Führerhaus angebracht ist, geborgen und an die Felsen gelehnt: »Corazo de Jesús« war darauf zu lesen; »Herz Jesu«. Der zum Schild gehörende Lkw hing fünfzig Meter tiefer zwischen Urwaldbäumen. Einige Tage später war in der »Presencia«, einer Tageszeitung in La Paz, zu lesen, daß »zwei Personen und sieben Indios« dabei ums Leben gekommen waren. Wenn ich jetzt während der Fahrt einen Blick über die Bordwand der Ladefläche wage, kann ich nichts als Luft und den urwaldbewachsenen Hang an der anderen Seite des Tales sehen. Die Straße ist nicht breiter als der Lkw, und direkt neben den Reifen geht es mehrere hundert – manchmal tausend – Meter fast senkrecht in die Tiefe.

Dagegen war die Inkastraße von damals – gemessen am Menschen und auch am beladenen Tier – überbreit. Während meine Gedanken zurück zu dem Weg wandern, der uns gestern talwärts geleitete, erfaßt mich Wehmut ob der Vergänglichkeit dessen, was Menschenhand schuf. So wie die Schotterstraße, auf der wir jetzt atemberaubend bergauf fahren, verband auch die Inkastraße ein Zentrum mit einem abgelegenen Tal. Aber das Zentrum von einst, Tiwanaku, war die Mitte des geistigen, kulturellen und religiösen Lebens. Gold und Silber, die dorthin transportiert wurden, waren keine wirtschaftlichen Größen. Sie dienten der Verherrlichung des höchsten Gottes.

Ganz anders jetzt. La Paz, das Zentrum von heute, ist Schnittpunkt wirtschaftlicher und politischer Macht in diesem Land. Kultur ist fast nur noch in den Spuren versunkener Reiche zu finden. Mammon heißt heute die oberste Gottheit, der mit den Schätzen dieser Erde und mit dieser Straße gedient wird. Für deren Breite und Sicherheit wurde nur an der Wirtschaftlichkeit Maß genommen. Die vielen – ohnehin meist Indianer –, die hier schon zu Tode stürzten, bilden das »Restrisiko« einer Wirtschaftszivilisation. Mich tröstet nur die Hoffnung, daß auch hier Strukturen der Un-menschlichkeit den Keim des Zerfalls schon in sich tragen.

Bolivianische Fiesta

Die olivgrünen Hügel sehen wie abgesteppte Kissen aus. Durch den Grund der Steppfalten schlängeln sich – zumindest in der Regenzeit – kleine Flüßchen. Steinmauern fassen die Felder und Weiden ein und lassen an Flicken denken, die in die Polster eingesetzt sind. Dort, wo mehrere Falten zusammentreffen, hat sich ein kleines Nest gebildet – eine Verknotung, die sich farblich kaum von der Umgebung unterscheidet. Sie wird nur durch aufgesetzte, knopfartige Wölbungen betont. Es sind die Kuppeln der kolonialbarocken Kirche von Pocoata.

Hier laufen drei Straßen zusammen. Die eine kommt aus Oruro und Huanuni, die zweite verbindet Potosí und Macha mit Pocoata, und die dritte, auf der wir uns dem Ort nähern, schlängelt sich durch das breiteste der Täler und kommt aus Sucre und Colquechaca. In Pocoata wollen wir auf unserer Fahrt nach Oruro und weiter nach La Paz eine Pause einlegen. Auf der Plaza stellen wir unseren Wagen ab. Von irgendwoher trägt der leichte Wind die fernen Klänge einer Festmusik.

Die Plaza ist sonnendurchflutet, und die in saftigem Grün verborgenen Bänke locken zum Verweilen. Hinter bizarr gewachsenen Schirmakazien und anderen exotischen Bäumen leuchten in grellen Farben die Fassaden der einfachen Häuser. Das alles verleiht dem Ort eine fremdländische und auf seltsame Art einladende Atmosphäre. Für gewöhnlich machen bolivianische Dörfer beim flüchtigen Hinschauen eher einen abweisenden Eindruck. Sie erschließen sich erst, wenn man die Häuser mit ihren Innenhöfen voller Leben betritt.

Im einzigen »Hotel« am Platze gibt es warme Küche. Kaum haben wir uns an den runden Blechtischen in den bunten Plastikstühlen niedergelassen, ist die vorher schon vernommene Musik plötzlich ganz nahe. Aus einer der Straßen, die auf den zentralen Dorfplatz zuführen, bewegt sich eine dichtgedrängte Menschenmenge auf uns zu, voran die Musikkapelle. Ich denke zunächst an eine Protestversammlung, denn die mitgeführten Balken, Stangen und Bretter sehen ziemlich bedrohlich aus. Doch die Leute im Dorf wissen es besser: Es ist ein Hochzeitszug. Durch die enge Straße kommt er nur langsam voran. Die weitgekrausten, drei- und vierfachen Röcke der tanzenden Indianerinnen wirbeln den trockenen Lehm der Straße als helle Staubfahne in die Höhe. Daraus ragen die mitgeführten langen Stangen bis über die Dachtraufen der anliegenden Häuser, und ich muß an eine mittelalterliche Landsknechtshorde denken. Die Musik, die hier gespielt wird, ist eine Mischung aus spanischer Cueca und Militärmusik, also keine typisch indianische Musik. Getanzt wird die Cueca. Weiße Taschentücher wirbeln mal durch die Luft, mal zwischen den Beinen der Tänzer.

Auf der Plaza nimmt die Kapelle – hauptsächlich sehr hell klingende Trompeten und eine Trommel – vor einem Haus Aufstellung. Das Kieselsteinpflaster steigt zu den Häusern hin an, so daß die Musikanten alles gut überblicken können. Das mitgebrachte Schnittholz ist an die Hauswand gelehnt worden. So haben alle genügend Bewegungsfreiheit, um sich am Tanz zu beteiligen.

Das Brautpaar ist zunächst von den anderen Leuten nicht zu unterscheiden. Fast alle Frauen sind in festliche Aymaratracht gekleidet. Eine Frau trägt einen hohen, weißen, zylindrischen Hut mit ebenfalls weißer, breiter Krempe. Er weist sie als Quechua aus der Gegend um Cochabamba aus. Jüngere Mädchen tragen Pullover in knalligen, synthetischen Farben, Zeichen der Anpassung an westliche Zivilisation, Zeichen einer sterbenden Kultur. Ein älteres Paar trägt an Kleider und Kopfbedeckung geheftete Peso-Scheine. Wir halten sie für die Brauteltern. Doch der etwas angetrunkene Zeremonienmeister ruft nach einem Tanz gerade diese beiden in die Mitte des Kreises und begrüßt sie als Hochzeitspaar. Die überall an ihnen flatternden Geldscheine waren von den Hochzeitsgästen als finanzielle Hilfe zur Ausrichtung des Festes angeheftet worden. In der Runde der Tänzerinnen und Tänzer kreisen

Schnapsflaschen und Chichabecher. Neben dem Brautpaar konzentriert sich das ganze Interesse der Hochzeitsgesellschaft bald auf mich. Obwohl sie von mir als durchreisendem Fremden niemals ein Foto erwarten können, drängt sich alles vor meine Kamera. Die sonst so fotoscheuen Indianerinnen wollen alle aufs Bild kommen. Die Angst, es könnte ihnen durch das Fotografieren die Seele aus dem Leib gerissen werden, wogegen sie sich üblicherweise durch Wegdrehen oder Zudecken des Gesichtes schützen, scheint in dieser Gemeinschaft gebannt.

Indianische Hochzeitsfeste können eine Woche und länger dauern. Denn das Eigentliche des Festes, der Bau des Hauses für das neuvermählte Paar, beginnt erst. Hier baut keiner sein Haus allein. Hausbau ist immer Gemeinschaftsarbeit. *Uyay* sagen sie dazu, zu dieser Urform einer Wohnungsbaugenossenschaft, bei der jeder sich verpflichtet, dem anderen zu helfen und durch die er auch Hilfe erwarten kann. Darum haben also die Hochzeitsgäste – das sind Verwandte, Freunde und Nachbarn, oft das ganze Dorf – das Bauholz als Hochzeitsgeschenk mitgebracht. Der Hausbau selbst wird als Fest zelebriert. Das Brautpaar ist somit wenigstens der Wohnungssorgen ledig.

Wochen vor der Hochzeit werden schon die »Adobes«, die Lehmziegel hergestellt. An der Stelle, auf der später das Haus errichtet werden soll, wird der Humus abgehoben und das darunter liegende lehmige Erdreich umgebrochen. Unter Beigabe von Wasser und Ichugras wird der Lehm mit den nackten Füßen zu einer knetbaren Masse getreten. Das Ichugras bewehrt die späteren Ziegel und verhindert ihr Zerbrechen. Aus diesem Teig formt man Kugeln und wirft sie mit Wucht in Holzrahmen, die auf der Erde ausgelegt worden sind. Mit einer Leiste ziehen die Helfer die Ziegel ab und warten, bis die Luft die Masse schwinden läßt und die Rahmen abgehoben werden können. Die Ziegel werden dann gekantet und nach drei Wochen gestapelt. So liegen sie etwa einen Monat, mit Brettern, Ichu oder Wellblech abgedeckt, und warten, bis man sie zum Bau des neuen Hauses verwendet.

Nach der offiziellen Hochzeitsfeier, die mangels Priester vielfach ohne kirchlichen Segen durchgeführt werden muß, ziehen die Gäste mit Musik zur Baustelle. Die Helfer werden bewirtet und jeder, der sich bedient, muß bis zum Ende der »Pirca«, also bis zum Abschluß der Maurerarbeiten, mithelfen.

Die Musik gibt das Signal zum Beginn der Bauarbeiten. Ein Meister, der alles überwacht, errichtet ein Schnurgerüst, und nach diesem wird das Fundament, etwa einen halben Meter tief, ausgehoben. An einer der Ecken des Fundamentgrabens wird zunächst der Pachamama geopfert. Chicha und Cocablätter, Blumen und Zigaretten, oft auch ein getrockneter Lamafötus, werden zwischen die Bruchsteine, die die Basis des Hauses bilden, eingemauert.

Auf dem Steinfundament werden nun die Lehmmauern errichtet. Männergruppen mit unterschiedlichen Aufgaben arbeiten einander zu. Die einen schaffen die Adobes herbei, andere sorgen für den Lehmmörtel, wieder andere errichten die Mauern. Dabei werden sie von den Frauen und von der Musik angefeuert. Prämien werden ausgerufen: für die, die am schnellsten Mörtel zubereiten, oder für die, deren Ecke am Haus bereits am höchsten gewachsen ist. Stets werden neue Arbeiten bewertet und damit der Leistungswille angespornt. Prämiiert wird selbstverständlich in Schnaps. So ist der Geist zwar willig, doch Müdigkeit und Verwirrung wachsen. Die Frauen beginnen, sich über die Männer lustig zu machen. Ihre Stunde hat vollends geschlagen, wenn sie den Männern die Werkzeuge aus der Hand nehmen und ihnen zeigen, wie es schneller geht. Nun wird den Frauen, die über ihre kraftlosen Männer triumphieren, von der Musik heftig eingeheizt. So wird das Haus in einem Wettbewerbspiel in überraschend kurzer Zeit fertiggestellt. Der Abschluß der Arbeiten wird mit viel Musik, mit Konfettiregen, der den sichtbaren Segen des Himmels darstellt, mit Bonbons und

Alkohol und schließlich mit einer ernsten Dankesrede des Familienoberhauptes abgeschlossen.
Das Haus wächst in einem festlichen Ritual aus der Erde. Das Baumaterial, der ungebrannte Lehm, gibt ihm nur eine begrenzte Lebensdauer. Doch es hält lange genug, um einer Familie Heimstatt zu geben, ihr Schutz vor Wind und Wetter zu gewähren. Die Kinder werden wieder neue Häuser beziehen. Sie werden – so sie der indianischen Tradition verbunden bleiben – nach dem gleichen Ritual ihr Haus in Gemeinschaft erbauen. Sie werden nicht darauf verzichten, ihr bescheidenes Leben zum Fest zu gestalten. Lieber werden sie auch künftig die Unzulänglichkeit des Baumaterials in Kauf nehmen. Das Haus ihrer Eltern wird, wenn diese gestorben sind, verlassen bleiben und verfallen. Indianer leben bewußt mit der Vergänglichkeit irdischer Güter und feiern den Kreislauf des Lebens: Aus der Erde bist du gekommen, zur Erde kehrst du zurück.

*

Über die Straßen von Oruro, 3700 Meter über dem Meer, wirbelt die »Diablada«. Athletische Gestalten springen, tanzen, drehen sich, als wären sie von außerirdischen Kräften getrieben. Kunstvoll geschnitzte Masken, in grellen Farben bemalt, mit glotzenden Augen und buntschillernden Warzen bis an die äußersten Spitzen der gedrehten und geschwungenen Hörner verziert, verdecken die Gesichter der Indianer. Aus den Köpfen wachsen wiederum Köpfe von Schlangen und Drachen. Spiegelsplitter lassen die Zähne in den dunklen Höhlen der Mäuler für Momente aufblitzen. Die roten, samtenen Umhänge schlagen wie Flügel, wehende Seidentücher züngeln wie Flammen aus den Händen der Tänzer. Die grüngestickten Eidechsen an den Hosenbeinen scheinen sich beim Tanz wie lebendig zu bewegen. Die silbergespornten, weiß-roten Stiefel kommen niemals zur Ruhe.
Die Teufelstänzer. Sie sind das Herzstück des Karnevals von Oruro. Ihretwegen wohl bekam diese Stadt von Staatspräsi-

dent Alfredo Ovando Candia im Jahr 1970 per Regierungsdekret den Ehrentitel »Capital Folklorica de Bolivia«. Der Carneval de Oruro gibt dem fremden Besucher vielerlei Rätsel auf. Schnell wechseln die Bilder. Verwirrend ist die bunte Folge von silberreich geschmückten Autos, von andächtig getragenen Heiligenfiguren, von blumenüberladenen Lastkraftwagen, von Kindergruppen in Chola-Kostümen, federgeschmückten Indianern und drolligen weißen und braunen Bären. Mal werden die Konquistadore verhöhnt, woanders erinnern schwarze Sklaven mit Trommelwirbel an unselige Zeiten, und den Morenada-Tänzern lasten die glasperlenbestickten Kostüme zentnerschwer auf den Schultern.
In diesem Gedränge verhalte auch ich mich, wie sich eben Touristen verhalten: Ich fotografiere. Ich lasse mich begeistern von der Vielfalt der Musik und der Farben, ich schwanke zwischen Freude und Melancholie. Am Abend bin ich benommen von den Eindrücken des Tages. Ich hatte ein Tonband bei mir, viele Meter Zelluloid sind durch die Kamera gelaufen, und ich werde einen Film daraus schneiden. Noch gebe ich mich der Illusion hin, das Wesentliche erfaßt zu haben, wenngleich ich auch ahne, daß mir die indianische Seele rätselhafter ist als vor diesem Tag. Woher mögen wohl die Kräfte sich speisen, die Menschen in dieser Höhe mehrere Tage und Nächte durchtanzen lassen? Sind es Ängste, Hoffnungen, Verzweiflungen? Ist es ihr Glaube, der sie beflügelt?
Später, viel später sogar, fügen sich durch Gespräche und Lektüre, durch Erlebnisse und Nachfragen Bilder aneinander, erhellen sich Zusammenhänge, erschließen sich Mythen. Am Anfang stehen – wie so oft – die Ängste der Menschen. Der indianische Mensch, den Gewalten der Natur und der Ausbeutungswillkür der Mächtigen preisgegeben, trägt eine tief wurzelnde Angst in sich. Darum sind die überlieferten Geschichten für viele Bewohner Oruros auch heute noch mehr als nur eine Legende:
Einst beherrschte der böse Teufel »Huari« die Anden. Die

Menschen hatten sehr unter ihm zu leiden. Eines Tages beschloß er, die Bewohner der Region um Oruro zu züchtigen, weil sie all ihre Sünden bereuten, zu denen er sie angestiftet hatte. Sie wollten umkehren und den Weg des Guten beschreiten. Huari drohte, sie zu vernichten. Von Süden schickte er eine riesige Schlange, von Norden näherte sich ein gewaltiger Frosch den menschlichen Behausungen, und von Osten zogen große, hungrige Ameisen auf. Doch im Augenblick höchster Bedrohung erschien eine mit himmlischen Kräften ausgestattete Inka-Prinzessin und schlug in einem mutigen Kampf den rachsüchtigen Huari. Es gelang ihm aber noch, eine gigantische Eidechse zu schicken, die sein Zerstörungswerk vollenden sollte. Die Prinzessin enthauptete jedoch die Riesenechse mit einem kräftigen Schlag ihres Degens und rettete so das bedrohte Volk. Der endgültig geschlagene Huari suchte sich daraufhin einen Aufenthaltsort in den tiefsten Tiefen der Erde, wo er bis heute ihre natürlichen Reichtümer bewacht. Der Frosch, die Schlange und die Eidechse wurden in Felsen, die Ameisen in Sand verwandelt. Die Prinzessin selbst verwandelte sich in die Jungfrau Maria, in die »Virgen del Socavón« (die Jungfrau des Bergwerkstollens). Sie beschützt die Bergleute, die immer noch Opfer der Bosheit und der Hinterhältigkeit des Huari in der Tiefe werden können.

Eine weitere Legende erzählt, wie die »Virgen del Socavón« ihren Namen bekam: In einem verlassenen Stollen der Mine »Pie de Gallo« fand man ein Bildnis der Maria Lichtmeß unmittelbar neben dem Leichnam des armen Diebes »Chiruchiru«. Dieser wollte die Reichen berauben, um damit die »kleinen« und enteigneten Leute zu beschenken. Dabei hatte er einen tödlichen Dolchstoß bekommen. Das Bildnis der Jungfrau wird heute in einer Kirche Oruros hoch verehrt.

Der Sieg Mariens über Huari, bestätigt durch den wundersamen Fund des Bildes im Stollen der Mine, wurde jährlich Anfang Februar, um den Lichtmeßtag herum, gefeiert. Auch

viele andere Rituale wurden begangen. Mit dem Blut geschlachteter Lamas wurde die Versteinerung der einstigen Untiere jährlich neu besiegelt. Schließlich wurden die – wie man sagte – heidnischen Bräuche verboten. Erst zum Ende des Karnevals gestattete man den verängstigten Indianern zu feiern. Aus den drei ehemals gefährlichen Himmelsrichtungen ziehen die Bewohner der Stadtviertel zum Zentrum, um sich im ewigen Kampf zwischen Gut und Böse immer wieder neu zu bewähren. Für sie ist es ein Spiel mit dem Feuer, mehrere Tage und Nächte lang. Die Tänzer in den Kostümen des Teufels fordern die Kräfte der Virgen del Socavón jedes Jahr aufs neue heraus und nachher entschuldigen sie sich für diese Ungehörigkeit vor dem Gnadenbild.
Wie wenig doch die Christianisierung durch all die Jahrhunderte bewirkt hat! Das Christentum hat nur die Oberfläche erreicht und das Leben der Indianer nicht in seiner Tiefe ergriffen. Man hat ihre alten Götter vertauscht gegen die neuen Heiligen. Doch die Menschen leben weiter in ihren Ängsten und Nöten. Wann endlich wird ihnen, nach fünfhundertjähriger Christianisierung, die befreiende Botschaft eines Gottes glaub-würdig sein, der sie herausführt aus der Knechtschaft, der nicht straft und nicht zürnt, sondern liebt und versöhnt? Es bleibt der schale Geschmack einer Drohbotschaft, wie sie im Dienst ausbeuterischer Absichten bis heute ihre Wirkung tut. Und dort, wo Menschen sie wieder als lebenspendende Frohbotschaft verkünden und mit ihr die würgenden Fesseln der Mächtigen zu sprengen versuchen, drohen mit Übermacht die neuen Verheißungen der Sekten und zerstören mit teuflischer List, was hoffnungsvoll keimt. Neue Ungeheuer drohen längst von allen Seiten: Die Schlangen und Frösche und Ameisen haben nur andere Namen bekommen. Sie heißen jetzt Arbeitslosigkeit, Hunger und Elend. Die Kräfte der Zerstörung sind realer, brutaler geworden. Jetzt sind sie von Menschen gemacht. Hierher kann nur die Botschaft bringen, wer wahrhaft guten Willens ist.

*

Zwei Beispiele aus dem reichen Schatz bolivianischer – besser indianischer – Fiestas. Sie haben immer existentiell mit dem Leben des einzelnen zu tun. Sie bannen die Ängste, sie wecken die Hoffnungen, sie dienen der Fruchtbarkeit, sie stiften Gemeinschaft – mit Lebenden und Toten. Fiestas sind die Glanzlichter des Alltags, wie durch Brenngläser gebündeltes Leben. Indianisches Leben ist stets auch Religion. So ist Fiesta immer auch religiöses Ritual – Gottesdienst also. Götter und Geister, Dämonen und Teufel, Heilige und die Mutter Erde: Sie sind leibhaftig zugegen. Alles, was Kraft in sich trägt, wird für das Ringen der guten mit den bösen Kräften des Kosmos in den Dienst genommen: Coca und Alkohol, Konfetti und Luftschlangen, Musik und Tanz, Weihwasser und Blut, und sei es auch das Blut des eigenen Herzens.

Fiestas sind Aufschreie gegen die Härten des täglichen Überlebenskampfes und gegen die seit Jahrhunderten währende Unterdrückung. Sie sind Zeichen persönlicher Würde selbst dann, wenn sie im Alkoholrausch und in blutigen Auseinandersetzungen enden. In der Fiesta erlebt der Indianer sein ureigenes Wesen. Die Welt ist für Augenblicke seine Welt, die Welt seiner Ahnen, die Welt seiner Götter. In der Fiesta weist er über sein oft erbärmliches Leben zu ihnen hinaus.

Viel Reichtum für wenige

Es war im Jahr 1971. Zusammen mit dem einheimischen Partnervertreter in »meinem« Genossenschaftsprojekt, Padre Julio Tumiri, fuhr ich, von Sucre her kommend, auf die Minenstadt Catavi/Siglo XX zu. Dort war damals noch die größte Zinnmine der Welt. Wir mußten unser Fahrzeug an einer Schranke anhalten. Ab hier führte eine hohe Mauer entlang der Straße. Zwei schwerbewaffnete Soldaten traten auf uns zu und verlangten unsere Papiere: Paß, Führerschein, Oja de ruta, eine zu Beginn unserer Reise in La Paz ausgestellte Streckenkarte. Alles wurde genau geprüft und registriert. Die Soldaten hießen uns, im Kasernenbereich ganz langsam zu fahren, erst am Mauerende dürften wir unsere Fahrt wieder in normalem Tempo fortsetzen. So lag also eine Kaserne hinter der Mauer, deren Türmchen auf den Eckpfeilern dem Ganzen den Charakter einer mittelalterlichen Befestigungsanlage gaben. In den Türmchen sahen wir hinter schmalen Schlitzen ebenfalls bewaffnete Soldaten mit angeschlagenem Gewehr sitzen. Wir fuhren langsam an dem geöffneten Tor in der Mitte der Mauer vorbei. Darin standen mit Maschinengewehren bestückte Militärfahrzeuge. Hinter ihnen breitete sich ein großer Kasernenhof. Alles machte den Eindruck eines Alarm- oder Belagerungszustandes. Wir waren erleichtert, als wir das Ende der Mauer hinter uns ließen und beschleunigten wieder unsere Fahrt.

Tumiri erzählte mir von der angespannten Lage in dieser Zone. Ich erfuhr erstmals von den verzweifelten Versuchen der Mineros, sich aus der Umklammerung tödlicher Ausbeutung, erst unter dem »Zinnbaron« Simon Patiño und später unter der staatlichen Minengesellschaft COMIBOL (Corporatión Minera de Bolivia), zu befreien. Derzeit, so sagte mir damals Tumiri, bahne sich wieder so eine Auseinandersetzung an, wie sie hier schon oft in schrecklichen Massakern durch die Militärs geendet hätten. Tumiri schilderte mir die Mineros

von Siglo XX als militante Klassenkämpfer, vor denen vor allem auch Fremde nicht sicher seien. Mehrmals sei es zu Geiselnahmen von Ausländern durch die Mineros gekommen, die damit ihre berechtigten sozialen und politischen Forderungen durchdrücken wollten.
Ich fuhr also mit sehr gemischten Gefühlen auf diese Stadt zu. Doch auch bei Tumiri, der einheimischer Priester und indianischer Abstammung ist, hatte ich den Eindruck, daß es ihm nicht ganz wohl in seiner Haut war. Er schlug vor, der Spar- und Kreditgenossenschaft Siglo XX nur einen kurzen Besuch abzustatten und dann die Fahrt nach La Paz unverzüglich fortzusetzen.
Wir kamen zunächst nach Uncía, einem Wohnviertel der Stadt. Überall im Flußbett, das sich neben der Straße ausbreitet, buddelten Männer, Frauen und Kinder in mehr oder weniger tiefen Schotterlöchern, Kieshaufen wurden auf- und umgeschichtet, Arbeiter gingen mit ihren typischen Bergmannshelmen zur Arbeit oder kamen in völlig verschmutzter Kleidung von der Schicht zurück. Um einen Bergrücken herum kamen wir nach Catavi, durchfuhren Llallagua und kamen schließlich über steile Straßen in Siglo XX an den »Platz des Mineros«, wo in einer kleinen Seitenstraße die Genossenschaft untergebracht war. Die Landschaft um all diese Orte, die ohne sichtbare Grenzen ineinander übergehen, sieht sehr verfremdet aus. Zu den gewachsenen Bergen, die die Orte einschließen, hat man Abraumhalden aufgeschüttet, die durch den ständigen Materialtransport aus dem Bergesinneren im Laufe der Jahrzehnte zu gewaltigen zusätzlichen Gebirgen angewachsen sind.
Unser Besuch in der Genossenschaft hatte Höflichkeitscharakter. Wir sprachen über ehemalige und künftige Teilnehmer aus Siglo XX an unseren Kursen. Die aktuelle politische Situation kam nicht zur Sprache. Wir setzten so schnell wie möglich unsere Fahrt in Richtung Oruro fort. Beim Verlassen des Ortes hielten wir noch kurz dort an, wo Mineros in mühseliger Kleinarbeit die Zinnbestandteile im Abwasser der

Gesteinsmühle auswuschen. Ich hätte damals gern mehr über die Hintergründe und Zusammenhänge des Lebens der Mineros und über ihre Arbeitsbedingungen erfahren, aber wegen unserer Scheu diesen Menschen gegenüber, wegen unserer ideologischen Vorurteile und Hemmungen war uns der Zugang zu ihnen versperrt.

Dreizehn Jahre nach diesem flüchtigen Eindruck von Siglo XX fiel mir das Buch »Wenn man mir erlaubt zu sprechen« in die Hand, in dem die Bergarbeiterfrau Domitila Barrios de Chungara ihre Lebensgeschichte erzählt. Es ist das erschütternde Zeugnis einer einfachen aber großen Frau. Domitila schildert in dem Buch die Lebensbedingungen der Minerofamilien, die Arbeitsbedingungen der Mineros über Tag und unter Tage, die wiederholten, brutalen Überfälle der Militärs auf die Minenstädte, sie schildert die von ihr erlittenen Verhaftungen und schweren Mißhandlungen und den Einsatz der Minero-Frauen für eine gerechte Politik. Domitila ist mehrmals mit ihrem Leben für das eingestanden, wofür sie gekämpft hat und bis heute kämpft. Das macht ihren Bericht so glaubwürdig, so aufrüttelnd. Für mich stand nach diesem Buch fest: Diese mutige Frau muß ich sehen.
Am Abend des 7. Mai 1985 klingle ich an der Tür des Pfarrhauses in Siglo XX. Mit zwei Misereor-Mitarbeitern soll ich für einige Tage die Lebens- und Arbeitsbedingungen der Mineros und die Situation der Kirche hier kennenlernen. Roberto und Guillermo, ein nordamerikanischer und ein kanadischer Oblate, Pfarrer in Siglo XX und Catavi, Betreiber des Radios »Pio XII«, wollen alle Kontakte für uns herstellen, die wir wünschen.
Das Pfarrhaus und die dazugehörige Kirche stehen inmitten der Bergarbeiterwohnungen in Siglo XX. Die Stadt liegt an einem der Abänge des Berges, der seit nahezu hundert Jahren das begehrte Material Zinn liefert. Er trägt den verheißungsvollen Namen »Cerro Santo Espíritu – Berg des Heiligen Geistes«. 5000 Meter hoch ist seine Spitze. Um ihn herum

gruppieren sich die vier Orte: Siglo XX, die staatliche Wohnsiedlung und der Eingang zur Mine; das nur durch ein tiefes Bachbett davon getrennte Llallagua, eine Wohnstadt mit privaten Häusern, die wegen des begrenzten Raumes eng ineinandergeschachtelt sind; Catavi, wo sich der Sitz der Verwaltung des Unternehmens und die Aufbereitungsanlagen für das geförderte Material befinden; und schließlich Uncía, wo Minerofamilien ebenfalls in Privathäusern wohnen und wo die Mine einen kleinen Nebeneingang hat. Zusammengehalten werden diese vier Städte mit ihren ewa 60 000 Einwohnern von der »Impresa Minera Catavi«. Dieses Bergbauunternehmen ist ein Zweigbetrieb der staatlichen COMIBOL. Sie hat hier 5000 Beschäftigte in ihren Diensten, 1300 davon arbeiten unter Tage.
Schon bei der Ankunft in Siglo XX waren uns am Ortseingang viele rundgemauerte Becken aufgefallen, die entlang eines Baches terrassenförmig angelegt sind. Jetzt stehen wir inmitten dieses eigenwilligen Bauwerks, das verwirrend und geordnet zugleich wirkt. Die Becken sind teils in das Erdreich gegraben, dann aber wieder hochgemauert, je nach der Lage in diesem steilen Gelände. Das schmutzige Wasser des Baches kommt aus der Gesteinsmühle, die in unmittelbarer Nähe des Eingangs zur Mine liegt. La Boca, der Mund, sagen die Mineros zu der Öffnung im Berg, durch die sie einfahren und durch die alle Züge den Berg mit dem geförderten Gestein auch wieder verlassen und es zur Mühle bringen. Dort wird das Gestein unter Beimengung von Wasser zerkleinert. Das dabei anfallende Abwasser führt Zinn- und Gesteinsteile mit sich. Die Lameros nun, die hier in diesem Terrassenbau arbeiten, leiten das mineralhaltige Wasser in eines der Becken. Die schweren Metallbestandteile setzen sich am Beckenboden schneller ab als die leichteren Gesteinsteile. So geschieht eine erste grobe Trennung. Durch mehrmaliges Wiederholen dieses Vorganges gewinnt der Lamero – von Becken zu Becken – einen immer höher konzentrierten Metallschlamm, den er dann getrocknet an die COMIBOL verkauft. »Lamer«

heißt im Spanischen »lecken«. Der Lamero »leckt« also das Metall aus dem Wasser.
Über Sorgen und Nöte der Lameros kommen wir mit einigen Männern ins Gespräch, die vor einer nahen Hütte einen Tisch mit einer provisorischen Wahlurne aufgebaut haben. An diesem Wahltag werden für die Dauer eines Jahres die Gewerkschaftsvertreter dieser Minerogruppe gewählt. 290 Männer und Frauen sind wahlberechtigt. Die Kinder, die ebenfalls hier arbeiten, dürfen natürlich nicht wählen.
Die Männer an der Urne erzählen ein wenig über das Leben der Lameros. Für die Arbeit vom frühen Morgen bis in die späte Nacht verdient ein Arbeiter etwa 120 Mark im Monat. Deshalb beteiligt sich meist die ganze Familie an der schweren Arbeit. Lameros sind keine COMIBOL-Arbeiter und haben daher auch nicht deren Vergünstigungen. Sie müssen für ihr Arbeitsgerät selber sorgen, sie können nicht in betriebseigenen Läden, den Pulperías, einkaufen, sie haben keinen Anspruch auf eine Werkswohnung und sie sind auch nicht krankenversichert. Auch das zum Betrieb gehörige Hospital bleibt für sie verschlossen. Dabei ist ihre Gesundheit durch das eiskalte Wasser, in dem sie oft stundenlang stehen, besonders gefährdet. Das Produkt ihrer mühseligen Arbeit müssen sie als Gegenleistung für die gewährten Nutzungsrechte an den Abwässern der COMIBOL verkaufen. Diese setzt den Preis so niedrig wie möglich fest. Die Lameros tragen so zur spürbaren Verminderung des von der staatlichen Mine erwirtschafteten Defizits bei. Wen wundert es, daß sie geschlossen Mitglied ihrer Gewerkschaft sind – wie übrigens alle Mineros hier in Siglo XX auch –, von der allein sie sich die Vertretung ihrer Belange erhoffen?
Mittags, als es am wärmsten ist, fährt uns Roberto mit seinem Geländewagen auf den »Santo Espíritu«. Ausgewaschen und holprig ist die Straße. Serpentine um Serpentine fahren wir knapp tausend Meter höher als die Stadt, die bei 3800 Metern liegt. Immer kleiner werden die Häuser der Drillingsstadt, die von Abraumhalden und Flußläufen begrenzt ist. Nur Uncía

liegt auf der anderen Seite des Berges. Die Häuser der staatlichen Wohnsiedlung Siglo XX wirken von hier oben wie aneinandergeklebte Streichholzschachteln. Die Geleise, die ins Berginnere führen, sind von großen Eukalyptusbäumen gesäumt. An der höchsten Stelle des Ortes, und damit unserem jetzigen Standort am nächsten, schmiegen sich wohlgeordnet auffallend lange Gebäude mit hell blitzenden Wellblechdächern an den Berg: das Militärcamp. An diese strategisch beste Stelle ließ Präsident Banzer vor Jahren das Militär verlegen, damit es den Mineros eine allgegenwärtige Warnung sei. Präsident Zuazo beorderte es jedoch wieder zurück in die Kaserne mit der Befestigungsmauer, die fünf Kilometer entfernt ist.

Die Serpentinen bringen uns auf die andere Seite des Berges. An einem kleinen Bach sitzt ein Arbeiter und wäscht Zinn. Neben ihm ist ein kleines Häuflein gewaschenen Metalls aufgetürmt, das er mit einem feinen Sieb im etwas aufgestauten Bach gereinigt hat. Er zählt zur Zunft der Locatarios. Mit »locatario« bezeichnet das Spanische den »Mieter«. Locatarios benützen alte, aufgelassene Schächte oder dringen in Felsspalten vor, um dort nach dem Mineral zu suchen. Über Leitern steigen sie oft bis zu hundert Meter in die Tiefe und tragen dann das ausgebrochene Material in flach auf dem Körper liegenden Rucksäcken nach oben. Etwa 3000 Männer verdienen sich auf diese Weise rund um den Berg ihr geringes Brot. Sie mieten von der Gesellschaft Parzellen in früher bereits ausgebeutetem Gelände des Berges. Oft schließen sie sich in kleinen Produktionsgenossenschaften zusammen, um sich gegenseitig zu helfen und das hohe Risiko auf mehrere Schultern zu verteilen. Das gewonnene Material müssen auch die Locatarios an die COMIBOL verkaufen, doch diese behält 40 Prozent des Entgelts als Pachtzins ein. Der Mann an diesem Bach hier erzählt, daß er zehn Kinder hat und wöchentlich 20 bis 30 Mark verdient. Er arbeitet ganz auf eigenes Risiko. Im Fall seiner Invalidität oder seines Todes steht seine ganze Familie vor dem absoluten Nichts.

Wir fahren noch einige hundert Meter höher und gehen dann zu Fuß bis knapp an die Fünftausendergrenze. In den Schattenbereichen liegt Schnee. Hier oben finden wir Reste verfallener Häuser und die Ruine eines aus großen Steinquadern gemauerten hohen Torbogens. Roberto weiß, daß es der Eingang zur ersten Mine Simon Patiños war. Hier oben hatte Patiños Reichtum seinen Anfang genommen. Er war neben Carlos Aramayo und Mauricio Hochschild der größte der drei sogenannten Zinnbarone. Augusto Céspedes nennt sie in

einem Hinweis seines Romans »Teufelsmetall« eine »Dreieinigkeit von Blutsaugern, die den Lebenssaft des bolivianischen Volkes mittels des Saugrohrs internationaler Körperschaften in Strömen tranken«. Dabei hätte der hier oben gefundene Reichtum ebenso dem ganzen bolivianischen Volk zugutekommen können. Der Mestize Patiño war ein kalt berechnender Ausbeuter, der von den USA, von England und von Frankreich aus seine Landsleute gnadenlos unterdrücken ließ. Er raffte das größte Privatvermögen Lateinamerikas zusammen und brachte es zur fünften Stelle unter den reichsten Männern der Welt. Sein Jahreseinkommen war höher als der gesamte Jahresetat des bolivianischen Staates. Gönnerhaft zahlte er seinem Land jährlich hundert Dollars Steuern freiwillig, denn er hatte den Hauptsitz seines Unternehmens 1924 in die Vereinigten Staaten verlegt. Gleichzeitig ließ er skrupellos die Bergarbeiter seines Heimatlandes verelenden. So trug er auch entscheidend dazu bei, daß dieses an Bodenschätzen reichste Land des Kontinents bis heute trotzdem zu seinen ärmsten zählt. Wie hatte vor wenigen Tagen ein Jesuit in Oruro sarkastisch angemerkt: »Die Güter sind ziemlich gleich verteilt. Das Geld ist in Europa. Uns bleibt die Silikose, der Hunger und das Elend.«
Nur einen Steinwurf von der Ruine dieses ehemaligen Mineneingangs entfernt zerschlägt ein Mann mit einem Hammer Gesteinsbrocken, die er vorher aus einem Felsloch geholt hat, in das ein Mensch kaum kriechen kann. Als wir ihn fragen, wie viele er heute schon gefunden hat, sagt er resigniert: »Nichts!« Es ist Mittag. Frühmorgens war er tausend Meter aufgestiegen – für nichts – und er wird die gleiche Höhendifferenz am Abend wieder hinuntersteigen. Auch er ist Locatario. Mir ist unbegreiflich, wie von der harten Arbeit der Hände dieses Mannes eine Familie überleben soll. Dabei arbeitet er auch noch in sehr gefährlichem Gelände. Das Felsloch liegt am Rande eines riesigen Kraters, einem Einbruch ins Innere des Berges. Durch das Heraussprengen großer Räume innerhalb der Mine rutscht das Gestein von

außen als Trichter nach. Deshalb gibt es für Locatarios am Rande solcher Dolinen Sperrzonen, wo wegen der drohenden Verwerfungen nicht geschürft werden darf.
Längst vor Patiño hatten die spanischen Eroberer 1545, also gut fünfzig Jahre nach der Landung von Kolumbus in der »Neuen Welt«, den Reichtum entdeckt, der in den Bergen der Anden schlummerte. Mit dem »Cerro Rico«, dem »Reichen Berg« von Potosí, erfüllte sich der Traum vom »Hügel, aus dem Silber floß«. Schon vor der spanischen Conquista wußte der Inkakönig Huayna Capac von der »Silberpyramide« von Potosí, die er anläßlich einer Reise durch das Land zu Gesicht bekam. Nach einer Überlieferung soll er jedoch – einer geheimnisvollen Stimme aus dem Innern des Berges folgend – verfügt haben, daß dort nicht nach Erzen gegraben werden dürfe.
Heute ist die in den tiefblauen Himmel des Hochlandes ragende Bergpyramide völlig ausgeraubt. Nirgends sonst in der Welt hat man derart reiche Silbervorkommen gefunden. Zinn und andere Mineralien beachtete man erst, als der Silberstrom zu Ende war. Am Fuße des Berges blühte wenige Jahrzehnte nach der Entdeckung des Edelmetalls eine Stadt auf, deren Entwicklung alles Dagewesene in den Schatten stellte. Im Jahr 1573 bewohnten 120 000 Menschen die Stadt, 1650 waren es noch 40 000 mehr. Die Gold- und Silbergier der Spanier fand hier ihre Erfüllung. Der Reichtum der Stadt wuchs ins Unermeßliche. Man sagt, sie sei eine der größten und reichsten Städte der Welt gewesen. Alle spanischen Künstler von Rang wurden nach Potosí geholt, um aus dieser Stadt ein Juwel zu machen. Kirchen, Klöster und Paläste wurden errichtet, von deren Schönheit die heutige Stadt nur noch einen matten Abglanz trägt. Doch die Mauern dieser Stadt bergen bis zum heutigen Tag Schätze, die nirgends beschrieben oder abgebildet, ja nicht einmal zur Besichtigung freigegeben sind.
In der Moneda, der kolonialen Münzprägeanstalt und dem heutigen Museum Potosís, hängt ein Ölgemälde eines spani-

schen Meisters, das die Denkweise der damaligen Zeit ebenso bezeichnend wie tragisch in Bild bringt. Die Pyramide des reichen Berges legt sich als Schutzmantel Mariens über Fürsten und Könige, Bischöfe und Ordensleute, Kaufleute und Minenbesitzer, Abenteurer und Reisende, Maler und Musiker. Es fehlt das große Heer der Indianer, die in den umliegenden Dörfern zu Tausenden durch Losentscheid zwangsverpflichtet und in die dunklen Schächte der Mine getrieben wurden. Acht Millionen sind in den folgenden Jahrzehnten im »Cerro Rico« gestorben. Nicht nur reich an Silber war dieser Berg – auch reich an Elend und Schuld war und ist seine Geschichte. Bartolomé de Las Casas, wohl ein früher Vorläufer heutiger Befreiungstheologen, klagte schon damals an: »Die Indianer wurden von den Spaniern zu Sklaven erniedrigt. In den Metallgruben sterben Tausende. Man verscharrt ihre Leichen, und niemand kümmert sich um ihre Familien.«
Doch seine Worte fanden wenig Gehör. Die Kirche insgesamt hielt es mit den Besitzenden, hatte Anteil am gigantischen Reichtum und handelte so, wie der Maler sie dargestellt hatte: Sie deckte mit dem Vorwand der Christlichkeit Reichtum und Sklaverei. Sie trug auf diese Weise dazu bei, daß die Habsburger mit dem nach Europa verschifften Silber ihre Kriege finanzieren und Kaufleute dieses Edelmetall zur Grundlage für den entstehenden Merkantilismus machen konnten. Der mit dem Schweiß und dem Blut der Indianer erkaufte Reichtum Europas war begründet und wirkt sich zum Schaden eben dieser Indianer bis heute aus.
Nicht unangefochten – auch aus den eigenen Reihen – geht die Kirche heute einen anderen Weg. Das Beispiel von Padre Roberto in Siglo XX, der seit über zwanzig Jahren im Minenrevier Boliviens arbeitet, gibt Zeugnis dafür. Seine Arbeit als Priester ist eng mit der Arbeit des Radios »Pio XII« verbunden. 1959 war dieser kirchliche Sender als Kontra-Radio zur »Voz del Minero«, zur »Stimme des Bergarbeiters«, installiert worden. Allein schon der Name der kirchlichen Radiostation sollte deutlich signalisieren, daß damit ein

dezidiert antikommunistisches Programm gemacht werden sollte. »Voz del Minero« war zwar stets ein kämpferischer Rundfunk gewesen, doch die Tatsache, daß er für die Rechte der Mineros eintrat, rechtfertigte noch nicht seine ideologische Klassifizierung. Der Kampf »Catolicos contra Comunistas« (Katholiken gegen Kommunisten) entbrannte auch gleich so heftig, daß der erste Pfarrer der Minenstadt, Padre Lino, der Radio »Pio XII« begonnen hatte, diese auch schon 1961 wieder verlassen mußte. Die Konfrontation war unerträglich geworden.

Die Erklärung von Medellin, die die lateinamerikanischen Bischöfe 1968 formulierten, stieß auch einen Wandel im Denken der Mineropfarrer an. Die festgefahrene Feindschaft zwischen Kirche und Arbeitern begann unter Padre Gregorio zu bröckeln und wandelte sich dann unter Roberto, der vorher Seelsorger in Llallagua gewesen war, vollends. »Pio XII« griff zunehmend Fragen der Bergarbeiter auf und machte sich zu ihrem Anwalt. Langsam faßten die Bergarbeiter Vertrauen zum Prinzip der »offenen Mikrophone« des kirchlichen Radios. Alle Gruppen und politischen Richtungen kamen nach und nach zu Wort und konnten auch eigene Beiträge liefern, ohne daß deswegen die Leiter des Rundfunks ihre christliche Überzeugung über Bord geworfen hätten.

Die Antwort der Mächtigen des Staates kam prompt in Form der Drohung, die Sendeanlagen zu sprengen, und sie wurde durch das Anbringen von Dynamitladungen an die Sendemasten bekräftigt. Eine Zerstörung konnte verhindert werden, doch der Sender wurde beschlagnahmt und die Regierung ließ ein ihr genehmes Programm über den Äther gehen. 1971 war für längere Zeit der Sender ganz geschlossen. Es war die Zeit, in der ich mit Padre Tumiri in Siglo XX gewesen war. Ich weiß, daß sich auch in Padre Tumiris Denken seither ein Wandel vollzogen hat. Als Präsident der bolivianischen Menschenrechtskommission war er unter Staatspräsident Banzer ein Jahr lang eingekerkert. Im Gefängnis sollte er – auf Anordnung des Innenministers – ein Buch aufessen: eine von Tumiri verant-

wortete großformatige Buchdokumentation über das Massaker der Militärs an 60 Bauern aus Cochabamba. Weil der Innenminister in dieser Zeit ermordet wurde, kam es dann allerdings nicht mehr zur Ausführung dieses Befehls.
Radio »Pio XII« wurde in den folgenden Jahren mehrmals überfallen, verwüstet, instandgesetzt, besetzt und geschlossen. Die Patres wurden beraubt und mit Waffen bedroht, verjagt und deportiert. Die Einschüsse in der Tür des Pfarrhauses zeugen noch heute von diesem Terror staatlicher Macht. 1982 widersetzten sich offizielle kirchliche Stellen zunächst einer Wiederaufnahme des Sendebetriebes. Die Mineros aber, die noch vor wenigen Jahren »Pio XII« bekämpft hatten, drängten darauf, daß der kirchliche Sender wieder zu arbeiten begann. Für Radio »Voz del Minero«, der inzwischen unter trotzkistischer Leitung war, engagierte sich jedoch kaum jemand. Roberto hatte das volle Vertrauen der Mineros gewonnen. Er hat sich in den zwanzig Jahren vom gutgläubigen, erklärten Antikommunisten zu einem überzeugten und mutigen Kämpfer für Recht, Gerechtigkeit und Menschenwürde gewandelt – vielleicht sogar bekehrt. Er ist heute ein ungewöhnlich offener Mann, der keine Angst vor Meinungen hat, die nicht die seinen sind. Trotz der Härte seiner täglichen Arbeit und trotz des Elends, mit dem er tagaus, tagein konfrontiert wird, strahlt er Fröhlichkeit und Zuversicht aus. Sein Humor ist ungebrochen. Bei seiner Abneigung gegen Frömmelei lebt er überzeugend aus dem Glauben ein Leben für die Ärmsten.
Schon von der örtlichen Lage her bilden Pfarrhaus und Radio eine Einheit. Studioräume und Küche liegen einander gegenüber, nur durch einen Flur getrennt. Beim Verlassen der Küche kann jeder im Pfarrhaus durch eine Trennscheibe sofort sehen, wer im Radio gerade spricht, interviewt wird, Musik macht oder eine Nachricht an seine Angehörigen durchgibt. Diese räumliche Nähe ermöglicht es beispielsweise dem beim Abendessen Radio hörenden Pfarrer, im Anschluß an die Sendung mit denen ins Gespräch zu kommen, die daran

beteiligt waren. Also auch Seelsorge und Radioarbeit bilden eine Einheit. Das ist allerdings nicht nur sehr praktisch – es kostet auch viel Kraft und Einsatz. Doch davor fürchtet sich hier keiner.

An einem Abend kommt Maria M., die Verantwortliche für den Frauenfunk, nach einer Sendung noch kurz zum Plaudern in die Küche des Pfarrhauses. Wir unterhalten uns über ihre Arbeit.

»Ist das Sozialarbeit, was du da machst?«

»Ja, so ungefähr«, antwortet sie mit einem zustimmenden Kopfnicken.

»Welchen Beruf hast du?«

»Ich habe keinen Beruf. Ich komme aus dem Volk.«

Ich frage sie provozierend weiter: »Wenn du keinen Beruf hast, wie kannst du dann hier arbeiten?«

»Ach, weißt du, der Beruf ist ein Stück Papier. Du mußt aber mit der Seele und dem Herzen arbeiten.«

Ja, sie arbeitet mit dem Herzen. Ich habe sie lange am Mikrophon beobachtet und ihr zugehört. Ausgestattet mit natürlicher Begabung, spricht sie mit den Frauen und Müttern mitreißend darüber, wie sie mit den Sorgen und Nöten des Alltags umgehen können. Zwischen den Sendungen besucht sie die Familien. Dabei wird sie das übers Radio Angestoßene wohl mit der gleichen Einfühlsamkeit ins praktische Leben umzusetzen verstehen. Die Frauen in Siglo XX entwickeln nach Marias Erfahrungen zunehmend ein politisches Bewußtsein. Domitila, so meint sie, hat dabei eine entscheidende Rolle gespielt. Sie habe auch sie, Maria, letztlich zu dieser Radioarbeit geführt. Leider versuchen die verschiedenen politischen Parteien, die inzwischen sehr prominente Domitila für ihre jeweiligen Ziele zu vereinnahmen. Von Maria erfahre ich auch, daß sich Domitila derzeit nicht in Siglo XX aufhält, sondern wegen der Schulbildung ihrer Kinder in Cochabamba lebt. Der Traum von einer Begegnung mit ihr ist somit für mich zunächst ausgeträumt.

An einem frühen Morgen sind wir mit dem leitenden Sekretär der Bergarbeitergewerkschaft in Siglo XX/Catavi verabredet. Sein Dienst beginnt um sieben Uhr. Er empfängt uns pünktlich. Er ist Funktionär der Gewerkschaft der Minenarbeiter Boliviens, der »Federación Sindical de Trabajadores Mineros de Bolivia« (FSTMB). Sie ist die stärkste und einflußreichste Einzelgewerkschaft in der COB (Central Obrero Boliviana), dem Zentralverband aller Gewerkschaften dieses Landes. Ohne große Umschweife sind wir in einem sehr offenen Gespräch bei der momentanen Situation der COMIBOL im allgemeinen und der »Empresa Minera Catavi« im besonderen. Der Betrieb hier steht weitgehend still. Die total verfahrene wirtschaftliche Situation des Landes schlägt selbstverständlich entscheidend auch dorthin durch, wo sein wichtigstes Exportprodukt gefördert wird: zu den Zinnminen. Es stehen weder Ersatzteile für ausgefallene Maschinen noch Nägel oder Treibstoff zur Verfügung. Normalerweise, so meint der FSTMB-Sekretär, hat die Gewerkschaft die Aufgabe, gegenüber der COMIBOL für soziale Gerechtigkeit zu kämpfen. Jetzt aber steht sie der Regierung im Kampf um das nackte Überleben der Bergarbeiter gegenüber.

Der bolivianische Bergbau steckt in diesem Jahr 1985 in einer seiner schwersten Krisen. Der Weltmarktpreis für Zinn ist etwa nur halb so hoch wie die Produktionskosten in Bolivien. Monatlich wird dadurch hier in Siglo XX/Catavi ein Verlust von drei Millionen US-Dollars eingefahren. Die Gesamtschulden von COMIBOL sind so auf 354 Millionen US-Dollars geklettert. In Malaysia und Indonesien wird im Tagebau wesentlich kostengünstiger produziert als hier. Zudem werden bei Bedarf (für die USA) von den im Zweiten Weltkrieg gehorteten Zinnreserven (in den USA) wohldosierte Mengen »preisregulierend« auf den Markt gebracht (von den USA). Niemand weiß hier einen Ausweg. Der Zinn-Kollaps ist abzusehen. Die Katze beißt sich in den Schwanz: Angesichts der hoffnungslosen Finanzlage des

Staatsunternehmens sind keine Mittel flüssig für dringend notwendige Modernisierungsmaßnahmen im technischen und administrativen Bereich und für die Neuerschließung wirtschaftlicher Vorkommen. Der immer rasanter werdenden Talfahrt muß notgedrungen der Absturz folgen.

Wir machen mit dem Gewerkschaftsführer einen Rundgang. Der hoffnungslose Zustand des Betriebes verdeutlicht am einzelnen Beispiel, warum die gesamtwirtschaftlichen Aussichten so katastrophal sind. Die riesige, fast neue Zinnmühle steht still, da die vorgeschaltete Aufbereitungsanlage auf Ersatzmotore aus Rumänien wartet. Dadurch muß die ohnehin gedrosselte Untertageförderung zunächst auf Halde gehen. Überall stehen Fahrzeuge herum, die wegen Treibstoffmangels oder fehlender Ersatzteile nicht einsatzfähig sind. Die Arbeiter müssen jedoch bezahlt werden. Sie sind zu Ausbesserungs-, Reinigungs- und Reparaturarbeiten und zum Straßenbau eingeteilt.

Auf unserem weiteren Rundgang kommen wir zu einer großen Halle mit hohen Fenstern, vor deren verschlossenem Doppeltor viele Indianerfrauen eng aneinandergedrängt sitzen. So spenden sie sich gegenseitig Wärme in der morgendlichen Kälte. Sie warten, daß die Pulpería geöffnet wird. Die Pulpería ist ein staatlicher Lebensmittelladen, der die COMIBOL-Arbeiter mit subventionierten Waren versorgen soll, einem lebenswichtigen Bestandteil des Lohnes also. Als ich aus einiger Entfernung ein Foto mache, kommt Leben in das Nest der wartenden Indianerinnen. Protest wird laut. Eine Frau springt wütend auf und fordert von mir, das Fotografieren einzustellen. Die Notsituation brauche nicht auch noch als Fotomotiv zu dienen, meint sie. Doch als ihnen Pater Guillermo erklärt, daß wir aus Deutschland kommen und dort von der Situation hier berichten sollen, sind sie begeistert und fordern uns lebhaft auf, auch die leeren Regale im Innern der Halle festzuhalten. Kurze Zeit später werden die schweren Tore geöffnet, und drinnen zeigt sich gähnende Leere. Nur ein einziges Fach der etwa fünf Meter hohen Regalwände ist mit Kondensmilchdosen gefüllt. Ihretwegen hatten die Frauen mehrere Stunden gewartet. Jede Frau bekommt zwei Dosen. Der Vorrat ist in wenigen Minuten ausverkauft. Danach bedrängen uns die Frauen erneut, in Deutschland offen darüber zu reden, wie man hier mit ihnen umgeht, daß ihre Männer nach einem harten Arbeitstag auf Fleisch verzichten und die Kinder sich hungrig schlafen legen müssen. Aufgebracht erzählen sie auch, daß es im Hospital nebenan noch trostloser aussehe. Wegen der leeren Medikamentenregale müßten die Kranken, ohne daß sich jemand um sie kümmern könne, sterben. Verzweifelt flehen die Frauen uns an, alles zu unternehmen, daß sich diese lebensbedrohende Situation verändert. Mit einem bis ins Mark dringenden Gefühl der Ohnmacht verlassen wir die trostlose Halle.

Am nächsten Morgen eilen wir sehr früh die wenigen Meter vom Pfarrhaus hinunter zum Mineneingang. Padre Guillermo hatte uns die Erlaubnis zur Einfahrt in die Schachtanlagen verschafft. Wir bekommen einen Sicherheitsbeauftragten zugeteilt und werden in einem Verwaltungsgebäude mit Gummistiefeln, Jacke und Helm eingekleidet. In einem Magazin, wo sich eine Akku-Ladestation befindet, bekommen wir die Stirnlampen ausgehändigt. Viele Mineros stehen zur Einfahrt in die Grube bereit. Auf den schmalen Geleisen fahren mehrere klapprige Wägelchen vor, die von einer quaderförmigen, niedrigen Lok gezogen werden. Der Lokführer sitzt auf einem offenen Bock und hält ein kurzes Seil in der Hand. Es hängt von einer Eisenstange herunter, die von der Vorderkante der etwa drei Meter langen Lok schräg nach oben zur Starkstromleitung führt und als Stromabnehmer dient. Jeder Mannschaftswagen trägt eine Doppelbank, auf der die Mineros und wir Rücken an Rücken sitzen, auf jedem Wagen an die 16 Männer. Mit einem heftigen Ruck fährt der Zug an und schlüpft kurz danach unter einer am Felsen angebrachten Marienstatue in den kleinen Eingang der Mine. Wir müssen nun in gebückter Haltung sitzen, um mit der knapp über uns laufenden Stromleitung nicht in Berührung zu kommen. Gelegentlich erhellt ein Blitz das Dunkel, den der Stromabnehmer verursacht, wenn der Kontakt unterbrochen wird. Aus dem Innern des Berges bläst uns ein kalter Wind entgegen. Mehrere Kilometer fahren wir so in den engen Schacht, der durch Balken abgestützt ist. Von der Schachtdecke tropft grüngelbe, ätzende Flüssigkeit, die sich beiderseits der Geleise in einem Graben sammelt und starken Schwefelgeruch verbreitet. Wir fahren an zwei Marienkapellen vorbei, die schwach beleuchtet und mit weißen Papierfähnchen geschmückt sind. Hier zelebrieren die Patres monatlich Gottesdienste. Endlich halten wir an einem bahnhofsähnlichen Gebäude, das unter den Fels gezwängt ist, und verlassen den Zug. Wir treten in das Gebäude, das als Büro und Aufenthaltsraum dient, um auf einen Anschlußzug zu warten. Während dieser Zeit erklärt uns unser Begleiter an einer Tafel mit dem aufgezeichneten Bergprofil den Aufbau der Schachtanlagen.

Die Ebene, auf der wir eingefahren sind, ist die unterste. Sie liegt auf einer Höhe von 3800 Metern. Alle übrigen Stollen, Schächte und Liftanlagen liegen über uns und reichen bis zur Spitze des Berges – 5000 Meter hoch – hinauf. In den Plan sind in verschiedenen Farben auch die »Blocks« eingezeichnet, diejenigen Räume im Innern des Berges, die bereits herausgesprengt sind oder gerade dafür vorbereitet werden. Anders als in früheren Jahren, da den Erzadern in ihrem Verlauf nachgegangen wurde, wird heute großräumig zinnhaltiges Gestein abgebaut und nach draußen geschafft. Dies alles scheint mehr eine Verzweiflungstat denn ein wirtschaftlich vertretbares Bergbaukonzept zu sein. Zu gering ist die Ausbeute an verwertbarem Metall im Verhältnis zum technischen und personellen Aufwand bei dieser Art des Förderbetriebes. Der Ausbeutungsgrad liegt bei 0,3 Prozent, was einer Tonne gewonnenen Zinns bei 300 Tonnen gefördertem Gestein gleichkommt. Der an der Wand hängende Plan gibt auch Aufschluß darüber, wie der Abbau im einzelnen erfolgt. Zunächst werden die riesigen Quader, die oft Seitenlängen von mehreren hundert Metern haben, durch ein dichtes Netz von Stollen »präpariert«. »Blockpreparación« nennen die Bergleute diese Arbeit, die sich für einen dieser Großräume mehrere Jahre hinziehen kann. Sie gilt wegen der Staubentwicklung und wegen des herabfallenden Gesteins als die gefährlichste Arbeit in der Mine. In einer großangelegten Sprengung, die den gesamten Berg erbeben läßt, fällt dann der ganze Block auf einmal in sich zusammen. Durch vorher schon ausgesprengte, nach unten führende Trichter werden dann die mehr oder weniger großen Felsbrocken unter Ausnützung der Schwerkraft so weit wie möglich nach unten »transportiert«. Um die ungeheure Staubentwicklung etwas einzudämmen und um die Verladung des nach unten hin immer mehr zerkleinerten Materials zu erleichtern, wird Wasser zugegeben. In den Loren, die das Fördergut dann ins Freie bringen, kommt das zerkleinerte Material als schlickdurchsetzter Schotter an.

Wir begeben uns dorthin, wo wir dies alles selbst sehen können. Ein anderer Mannschaftszug bringt uns zunächst an eine Stelle, wo mehrere Stollen aus verschiedenen Richtungen zusammenlaufen. Umständliche Rangierarbeiten sind nötig, ehe unser Zug auf dem Gleis steht, das uns in die gewünschte Richtung bringen kann. An jeder Weiche muß der Lokführer den Stromabnehmer mit dem Seil nach unten ziehen, den Zug mit Schwung über die Weiche rollen lassen und dann das Seil so geschickt führen, daß eine starke Feder die Eisenstange zurück an die Oberleitung drücken kann. Dabei blitzt, schnalzt, zischt und funkt es, als ob ein Feuerwerk abgebrannt würde. Das Wasser, das an vielen Stellen regelrecht von der Decke regnet, tut ein übriges, die Knalleffekte noch zu steigern. Das alles spielt sich dicht über unseren Köpfen ab. Ich bewundere die Souveränität und die Reaktionsschnelligkeit der Lokführer, die ihre Züge oft nur knapp aneinander vorbeirangieren.

Kaum haben wir richtig mitbekommen, was hier vorgegangen ist, sind wir auch schon wieder in die Dunkelheit eines Stollens

eingetaucht. Nur die Stirnlampen zeichnen flink huschende Lichtbahnen an die staubgrauen Felswände. Wir halten bei der zentralen Liftanlage an. Mit anderen Mineros steigen wir in einen Förderkorb. Unser Begleiter gibt mittels einer Schnur ein mehrfaches Klingelzeichen, das dem Liftmaschinisten, der auf einem anderen Stockwerk die Seiltrommeln bedient, anzeigt, wie hoch wir wollen. Eilig fliegen wir, wie in einem offenen Käfig stehend, nach oben. Erneut springen wir einige Stockwerke höher auf einen der Züge, der uns durch viele Stollen und Abzweigungen zieht, so daß wir die Orientierung schließlich ganz und gar verlieren.
Vom nächsten Haltepunkt ab sind wir zu Fuß in Kürze bei einer der vielen Sprengkolonnen. Der Vorarbeiter des Trupps nimmt uns bereitwillig dorthin mit, wo durch einen der Trichter, die von oben kommen und nach unten weiterführen, große Felsblöcke stürzen. Arbeiter hantieren mit Brecheisen und stoßen oder hebeln das liegengebliebene und verklemmte Gestein so, daß es im Schacht weiter nach unten stürzen kann. Das dumpfe Gepolter ist lange zu hören, bis es die Tiefe verschluckt. Doch als von oben plötzlich so viele Felsbrocken kommen, daß sie sich im Trichter verkeilen, ist jedes manuelle Eingreifen vergebens. Im Handumdrehen wird auf dem größten Koloß eine Dynamitladung angebracht und eine Zündschnur von einem halben Meter angezündet. Es ertönt ein durchdringendes Sirenensignal. Um mehrere Ecken herum bringen wir uns zusammen mit den Mineros hinter einem Bretterverschlag in Sicherheit und warten gespannt auf die Detonation. Die Arbeiter, die mit uns auf den primitiven Bänken sitzen, wirken müde und abgekämpft. Sie sind dankbar für diese kurze Ruhepause.
Ich beginne mit dem Mann neben mir ein Gespräch, das aber bald durch den Explosionslärm unterbrochen wird. Unbeeindruckt von dem Getöse schiebt er nebenbei einige Cocablätter in den Mund und erzählt, daß seine Schicht um fünf Uhr begonnen hat und um dreizehn Uhr zu Ende sein wird. Jetzt ist Halbzeit. Das Warten, bis sich nach den Sprengungen der

Staub etwas gelegt hat, sind die einzigen kurzen Ruhepausen während dieses harten Acht-Stunden-Tages. Coca dient ihm und allen hier als Stimulator zum Durchhalten ohne Essenspause, ganze acht Stunden lang! Essen darf in die Mine nicht mitgenommen werden, weil die Mineros – so argumentiert das Management der Firma – mit dem Essen Giftstoffe in sich aufnehmen würden. Für die Angestellten und das leitende Personal stehen Aufenthaltsräume zur Verfügung. Ihnen wird sogar der »Henkelmann« gebracht. Der Minero neben mir beklagt sich über die hohen Preise für die Cocablätter, das einzige, was ihnen hier unter Tage bleibt. Wegen des sich immer mehr ausdehnenden illegalen Kokainhandels werden alle verfügbaren Blätter zur lukrativen Rauschgiftherstellung verwendet. Das treibt den Preis. Der Leidtragende der dubiosen Geschäfte anonymer Profitgeier ist somit wieder derjenige, dem man ohnehin nichts mehr wegnehmen kann.

Der durch die Explosion weit in die Stollen gepreßte Staub hat sich noch längst nicht verzogen, als wir an den Trichter zurückkehren. Die Stelle ist leergefegt. Durch Zuruf wird von oben wieder weiteres Material angefordert. Kaum werden sich die Staubwolken der letzten Explosion gelegt haben, wird eine weitere nötig sein.

Der Sicherheitsbeauftragte geht uns voran, als wir durch unbeleuchtete Stollen unseren Marsch fortsetzen. Er kennt sich auch in der Finsternis hier aus. Wir stolpern über Schwellen und Geleise, biegen mehrmals ab und ich stoße bei meiner Körpergröße von 184 Zentimetern immer wieder mit dem Kopf gegen Stützbalken. Plötzlich erschreckt uns ein heftiger Knall. Eine nahe Detonation bringt uns derart ins Wanken, daß wir Mühe haben, nicht ganz an die Wand gedrückt zu werden. Wir laufen sofort zurück, um der Staubwolke zu entkommen. Nicht nur wir, auch der Sicherheitsbeauftragte ist völlig irritiert. Wir warten einige Zeit ab und versuchen dann dorthin zu kommen, wo die Explosion erfolgt war. Es gibt einen heftigen Wortwechsel zwischen

unserem Begleiter und dem Kolonnenführer. Dabei stellt sich heraus, daß die Warnsirene versagt hatte. Jetzt sind wir überzeugt davon, daß die Erzählungen über die wöchentlich zu beklagenden Toten kein leeres Gerede sind.
Solche und ähnliche Ereignisse ängstigen jedoch nicht nur gelegentliche Besucher der Mine, sondern auch die Mineros selbst. So hart ihr Äußeres oft auch wirken mag, ihr Inneres ist meist weich und empfindsam. Ihre Gefühle und Ängste sind stark bestimmt von ihrer ländlich-indianischen Herkunft. Vor allem ist der Minero noch immer Indianer. Die Tradition, in der er steht und der er sich verpflichtet fühlt, läßt ihn auch hier die Pachamama, die Mutter Erde, verehren. Es schmerzt ihn, sie verletzen zu müssen, indem er die Erde aufbohrt und aushöhlt. Sie, aus der alles Leben kommt, könnte sich an ihm rächen, so glaubt er. Diese Angst wird verstärkt durch die uralte Legende vom »Chancho verde«, vom »Grünen Schwein«. Nach ihr lebt dieses scheue »Tier« in den grünlich schimmernden Zinnadern. Sobald nun der Minero darangeht, die Zinnader auszubrechen, flüchtet das Schwein, läßt sich auf den Boden fallen, rollt die funkelnden Augen und stellt seine Borsten auf. Unter lautem Grunzen und Lamentieren rennt es durch den Stollen und hinterläßt einen widerlichen Schwefelgestank. Wehe nun dem Minero, dem dieses Tier begegnet ist! Er muß von jetzt an glauben, daß er dem Tod geweiht sei. »Beweise« dafür umgeben ihn genug: Der Schwefelgeruch beherrscht weite Bereiche der Mine und das dem unausweichlichen Tod vorausgehende Siechtum kann er an vielen seiner – meist jungen – Kollegen als Silikose beobachten. Bei dieser entsetzlichen Krankheit beginnt sich die Lunge infolge der ständigen Staubeinwirkung langsam aufzulösen und wird als ekelerregende Schleimfetzen und zäher Auswurf qualvoll herausgehustet. Schließlich erstickt der Kranke. Die Silikose rafft die Mineros meist schon in jungen Jahren dahin. Wen wundert es, daß der Minero Zuflucht bei allen möglichen »Schutzheiligen« sucht und ihnen reichlich opfert?

Neben der Pachamama, die alle Indianer vor allem durch Vergießen von Alkohol in jeder Form täglich verehren, hat der Minero einen »Diablo Bueno«, einen »guten Teufel« also, dem er sich anvertraut. In der Gestalt des »Tío« ist er seit vorinkaischer Zeit in fast jeder Mine gegenwärtig. Auch hier in den Stollen von Siglo XX gibt es mehrere Tíos. In eigens dafür ausgehauenen Nischen steht sein mannshohes Standbild, das aus mineralhaltigem Lehm modelliert ist. Sein Gesicht trägt an sich wohlwollende Züge, nur seinen Mund verzieht er zu einem höhnischen Grinsen. Er ist eine Mischung aus ironischer Bosheit und großherziger Güte. Sein überdimensionaler Penis ist Zeichen kraftvoller Männlichkeit. Stets ist der Tío reichlich mit Luftschlangen dekoriert, trägt ein Zigarillo im Mund oder in der Hand und vor ihm stehen Chicha, Coca und Alkohol. Jeden Freitag, besonders aber am ersten Freitag des Monats, werden ihm Zeremonien und Opfer dargebracht. Doch ebenso wie der Minero die Pachamama und den Tío verehrt, betet er auch zur Jungfrau Maria. Die »Virgen del Socavón«, ein ursprünglich in einem Bergwerksstollen und jetzt in einer Kirche Oruros aufgestelltes Marienbild, ist das von den Mineros Boliviens am meisten verehrte Marienheiligtum. Die Virgen von Oruro hat nach indianischem Glauben den »Huari«, den Teufel des Altiplano, besiegt. Althergebrachte Religiosität und christlicher Glaube fließen also auch hier ineinander. So hofft der Minero, die Ängste und Mächte bändigen zu können, die sein tägliches Leben bedrohen.

Fünf Stunden befinden wir uns nun im Innern des Berges, und wir fühlen uns müde und erschöpft. Dabei haben wir keine schwere körperliche Arbeit zwischen 4000 und 5000 Metern Höhe zu verrichten gehabt. Allein die Sauerstoffarmut, der Staub und der Lärm haben sehr an Körper und Seele genagt. In welcher Verfassung müssen erst die Leute sein, die hier acht Stunden hart gearbeitet haben, ohne sich zu stärken?

Auf dem Wagen, der uns wieder zurück ins Freie bringen soll, sitzen Mineros, die eine Acht-Stunden-Schicht hinter sich haben, heute, gestern, seit Monaten, seit Jahren . . . Mit einem Banknachbarn komme ich ins Gespräch. Seine Arbeitskleidung ist völlig verdreckt, Gesicht und Hände sind mit einem Gemisch aus Staub, Schweiß und Öl verschmiert. Er gibt mir auf meine Fragen bereitwillig Antwort, doch durch den Lärm, den der Zug in der engen Felsröhre verursacht, wird seine Erzählung immer wieder abgerissen:

»Ich arbeite jetzt im dritten Jahr in der Blockpräparation. Das ist die gefährlichste Arbeit in der Mine. Es gibt viele Tote und Verletzte durch herabfallendes Gestein und Dynamit-Explosionen. Der Staubanteil in der Luft ist so hoch, daß ich oft meinen Compañero neben mir nicht sehen kann . . . Auch ich spüre schon Anzeichen von Silikose. Manchmal muß ich immerzu husten, wenn ich schlafen will. Hier wird man im Durchschnitt nicht älter als 35 Jahre, doch ich verdiene besser als anderswo . . .

Mein Grundgehalt beträgt zur Zeit 6,7 Millionen Pesos Bolivianos (140 Mark) pro Monat; dazu gibt es Zuschläge für Nachtarbeit, Blockarbeit, Familiengröße . . . Wenn es hoch kommt, zahlt man mir 15 Millionen pro Monat (300 Mark). Zur Deckung der Grundbedürfnisse meiner Familie mit sechs Kindern bräuchte ich 20 Millionen (400 Mark) . . .

Das Salario Minimo (der Mindestlohn) beträgt jetzt 3,5 Millionen (70 Mark) pro Monat. Dafür mußten wir lange streiken. Doch damit kann man nur im Hunger leben . . . Wenn ich nach der Schicht aus der Mine fahre, habe ich acht Stunden lang nichts gegessen, nur mein Coca gekaut. In die Mine darf kein Essen mitgenommen werden. Wir haben auch keine Pause. Das ist sehr hart.«

Ja, das ist sehr hart! Ich verspüre große Achtung vor diesem sympathischen Mann. Er hat mir das alles ohne Verbitterung erzählt. Und das hat mich tief im Innern angerührt. Welchen Grund hat er, mir gegenüber freundlich zu sein? Ich komme doch von der anderen Seite der Welt, die diese Misere hier zuerst zu verantworten hat. Aber er ist, wie viele Indianer, ein stiller, taktvoller Mensch. Ich sitze tief beschämt neben ihm.

Seit einiger Zeit sehe ich weit vorn ein kleines Licht, das nur ganz langsam größer wird. Ich halte es zunächst für eine Lampe. Doch dann kann ich es plötzlich erkennen: Es ist die Öffnung der Mine nach draußen. Es ist das Licht, an das sich alle Hoffnung der Mineros klammert. Dieses harte Wägelchen, von den Unebenheiten der Geleise hin und her gestoßen, hat schon Generationen von Mineros diesem Licht entgegengefahren. Hier, an der »Boca de la Mina«, an der Nahtstelle von Finsternis und Licht, wandelt sich alle Bedrohung im Berg für einige Augenblicke in beglückende Befreiung. Doch dieses täglich wiederkehrende Zeichen kann das Maß der Unterdrückung nicht mindern, das fast ein halbes Jahrtausend auf Schultern und Herzen und Seelen der indianischen Menschen unendlich schwer lastet. Wen nimmt es noch wunder, wenn ihr Schrei nach Befreiung nicht nachläßt? Uns steht es nicht zu, danach zu fragen, von welcher Befreiung sie reden, da wir doch ihren Hunger, ihre Angst, ihre Krankheit, ihr elendes Lager nicht teilen.

Ich ersehne den Tag, da Europa seine maßlose Schuld, wenn schon nicht tilgt, so doch offen bekennt.

Draußen, als wir uns verabschieden, bittet mich der Minero, überall zu erzählen, »wie es hier so ist«. Ich verspreche es ihm in die Hand.

Nachtrag

Das Versprechen, das ich dem unbekannten Minero im Mai 1985 an der inzwischen verschlossenen »Boca de la Mina« von Siglo XX gab, habe ich durch viele Vorträge, Gespräche, Schulungen und auch durch dieses Buch einzulösen versucht. Doch heute kann man nicht mehr nur von der Situation von damals erzählen. Die Lage der Bergarbeiter hat sich durch die Wahl von Victor Paz Estenssoro zum Staatspräsidenten Boliviens und durch das Eingreifen des Internationalen Währungsfonds (IWF), dem auch die Bundesrepublik Deutschland angehört, katastrophal verändert. Der IWF verlangte folgende Maßnahmen, die von der bolivianischen Regierung auch prompt angeordnet wurden: Aufhebung des Kündigungsschutzes, Aufhebung der Subventionen für Nahrungsmittel und Treibstoff, Einfrieren der Löhne und Gehälter, Schließung und Privatisierung von Minen und Minengruppen. Durch diese Roßkur wurde die vor wenigen Jahren noch nicht vorstellbare Steigerung von Armut und Elend innerhalb weniger Monate grausame Wirklichkeit.
Das nachfolgende Kalendarium, das mit freundlicher Erlaubnis von Misereor dem Arbeitsheft 1987 »Wege in die Verarmung« entnommen ist, spricht für sich:

28. August 1985
Die Regierung von Paz Estenssoro verkündet die neuen Wirtschaftsgesetze.

30. August 1985
48 Stunden Warnstreik in den Minen

2. September 1985
30 000 Minen- und Hüttenarbeiter streiken und verlangen in einer Massenkundgebung von ihrer Gewerkschaft den unbefristeten Streik. Das Militär wird mobilisiert.

16. September 1985
Frauen von Minenarbeitern beginnen einen Hungerstreik, da ihre Kinder und sie selbst verhungern.

19. September 1985
Die Regierung verkündet einen Ausnahmezustand für drei Monate. Hunderte von Gewerkschaftsführern werden verhaftet und deportiert. Die Gewerkschaft geht in den Untergrund.

1. Oktober 1985
Im Stollen von San José schließen sich mehrere tausend Minenarbeiter mit ihren Frauen und Kindern ein und treten in den Hungerstreik, um gegen die »Maßnahmen«, den Ausnahmezustand und die Verhaftung der Gewerkschaftsführer zu protestieren. Der Vorsitzende der bolivianischen Bischofskonferenz liest in der Mine die Hl. Messe und fordert die Regierung zum Einlenken auf.

4. Oktober 1985
US-Präsident Reagan gratuliert der bolivianischen Regierung zu ihren Maßnahmen und verspricht Hilfe.

10. Oktober 1985
Der bolivianische Senat bittet die Regierung um Wiedereröffnung der Pulperías, in denen die Mineros subventionierte Grundnahrungsmittel kaufen konnten, da es bereits die ersten Hungertoten gäbe.

29. Oktober 1985
Die Regierung kündigt aufgrund des Zinnpreisverfalls die Schließung von Minen und die Entlassung von Minenarbeitern an. Die Situation in den Minen verschlechtert sich von Tag zu Tag. Zwei Drittel der Mineros sind gegenüber ihren Betrieben mit zwei bis drei Monatsgehältern verschuldet.

26. Februar 1986
Aus den Minen werden Selbstmorde von Mineros bekannt, die ihre Familien nicht mehr ernähren können und keinen Ausweg mehr sehen.

6. bis 12. März 1986
Im ganzen Land findet eine Protestwoche gegen die Wirtschaftsmaßnahmen der Regierung statt.

Ende März 1986
In allen größeren Orten kommt es zu Unruhen und Zusammenstößen mit Polizei und Militär, die hinter den Unruhen Kommunisten und andere linksextreme Gruppen am Werk sehen.

8. April 1986
Landesweiter Generalstreik mit massivem Einschreiten der Polizei. Vor allem in La Paz gibt es viele Verletzte und Festnahmen.

5. Mai 1986
Der langjährige Führer der Bergarbeitergewerkschaften, Juan Lechin, tritt zurück.

18. Mai 1986
Der 21. Nationalkongreß der Bergarbeitergewerkschaften protestiert gegen die Schließung oder Privatisierung der staatlichen Minen, gegen den Mangel an medizinischen und finanziellen Hilfen, gegen die Entlassungen und gegen die Rückzahlung der Auslandsschulden, in der sie den Grund ihrer aussichtslosen Lage sehen.

3. Juni 1986
Die Grube Matilde bei La Paz wird geschlossen. 600 Mineros und ihre Familien bleiben ohne Arbeit und Brot auf der Straße.

5. Juni 1986
Das zuständige Ministerium gibt die Schließung weiterer Minen an. Gegen alle Alternativvorschläge der Gewerkschaft besteht die Regierung auf ihrem Sanierungsplan, der das Ende des bolivianischen Zinnbergbaus bedeutet.

21. Juni 1986
In Oruro schließen sich die meisten sozialpolitisch relevanten Gruppen, darunter auch die Sozialpastoral der katholischen Kirche, zu einem Verteidigungskomitee für Bergbau und Hüttenwesen zusammen.

3. Juli 1986
Atempause: Die Regierung erhöht den Mindestlohn um ein Drittel auf jetzt ca. 25 US-Dollar. Eine sechsköpfige Familie braucht aber bei den stark gestiegenen Preisen zum Überleben mindestens 125 US-Dollar!

4. Juli 1986
Bürgerversammlungen in Oruro und Potosí erklären den Notstand für die Minengebiete.

24. Juli 1986
Die Bergarbeitergewerkschaften bitten in einem Aufruf an die Öffentlichkeit insbesondere die katholische Kirche um Lebensmittelspenden und weisen darauf hin, daß bereits viele Kinder mangels Lebensmittel und Medizin gestorben sind.

25. bis 27. Juli 1986
In Anwesenheit der Bischöfe Abastoflor und Ticona beraten 150 Vertreter kirchlicher Bergarbeiter-Basisgemeinden die Lage.

31. Juli 1986
Hirtenbrief der katholischen Bischöfe: »Durch unseren unmittelbaren Kontakt mit ihnen dringt das Wehklagen der Bergarbeiter und ihrer Familien zu uns, und wir hören darin

einen Teil des Schreies eines Volkes, das leidet und Gerechtigkeit fordert! Der bolivianische Bergbau weist erschütternde Zustände auf, die an das Gewissen der Welt und an das christliche Bewußtsein unseres Volkes appellieren. Sie verlangen nach gangbaren solidarischen Lösungen, die der Würde des Menschen entsprechen.«

In Cochabamba solidarisieren sich auf einer Massenveranstaltung die Bauern mit den Bergarbeitern und verlangen zusätzlich den sofortigen Rückzug der zur Drogenbekämpfung in Bolivien eingesetzten US-Soldaten.

21. August 1986

In äußerster Not beschließt eine Massenversammlung in Oruro einen Marsch auf La Paz, den »Marsch für Brot und Frieden«, der wohl in die Geschichte Lateinamerikas eingehen wird.

27. August 1986

Die Regierung erzwingt mit militärischen Mitteln die Auflösung des Hungermarsches und verkündet zum zweiten Mal in ihrer einjährigen Regierungszeit einen dreimonatigen Ausnahmezustand.

2. September 1986

In der Mine San José treten 200 Leute in den Hungerstreik, später sind es mehr als 1500 Menschen, die ihnen darin folgen. Die Städte Oruro und Potosí sind durch die massive Abwanderung der Mineros zu halbleeren Geisterstädten geworden. Auf der anderen Seite sind Städte wie Santa Cruz oder Cochabamba besorgt über die große Zahl arbeitsloser Mineros, die in ihnen seit Tagen ohne jede Nahrung Arbeit suchend herumziehen.

6. September 1986

Der Friedensnobelpreisträger Perez Esquivel besucht die Minengebiete und gibt der IWF-Politik der Regierung die Schuld für die katastrophale Situation.

In einem Brief an den bolivianischen Präsidenten fordert er die Aufhebung des Ausnahmezustands und die Respektierung der Menschenrechte der Mineros.

12. September 1986
Der gesamte Dachverband der bolivianischen Gewerkschaften ruft zum Hungerstreik auf.

13. September 1986
Unter der Vermittlung der katholischen Bischöfe kommt es zu einer Vereinbarung zwichen Regierung und Gewerkschaft. Sie enthält zusammengefaßt folgende Abmachungen:

1. COMIBOL erhält zunächst alle Bergwerke und sozialen Dienste wie Lebensmittelläden, Krankenhäuser, Schulen, Kindergärten aufrecht. Bevor sie irgendeine dieser Aktivitäten einstellen darf, muß sie das Gutachten unabhängiger Institute einholen.
2. Die beabsichtigte Aufteilung des staatlichen Bergbaus in regionale Unternehmen geschieht mit dem Ziel, das Unternehmen zu entbürokratisieren und zu sanieren, und ist kein »Trick« zur Schließung der Minen.
3. Um das Hauptziel der Sanierung zu erreichen, dürfte es notwendig sein, die Zahl der Beschäftigten der COMIBOL auf etwa 13 000 Arbeiter zu begrenzen.
4. Die Regierung respektiert in der Frage, ob rentable COMIBOL-Minen auf staatlicher, genossenschaftlicher oder privater Basis fortgeführt werden sollen, den Willen der Arbeiter.
5. Die Reform des staatlichen Bergbaus wird nicht einfach auf die Entlassung von Personal hinauslaufen, sondern mit der Schaffung von neuen Arbeitsplätzen verbunden sein.
6. Die vom Arbeitsministerium in Zusammenarbeit mit den regionalen Entwicklungskörperschaften und den Bürgerkomitees von Oruro und Potosí aufzustellenden Beschäftigungsprogramme sollen in den Bereichen von Bergbauprojekten, landwirtschaftlichen, industriellen und ge-

mischten Vorhaben neue Arbeitsplätze schaffen und die Wirtschaftskraft vor allem dieses westlichen Landesteiles stärken helfen.

7. Auf Drängen der Bischöfe werden alle Verbannten und Inhaftierten freigelassen ... Die Gewerkschaft wird ihrerseits den unbefristeten Generalstreik und alle mit dem Konflikt verbundenen Hungerstreiks sowie jedes weitere Druckmittel aufheben.

Nach Veröffentlichung der Vereinbarung kommt es in der Gewerkschaft zu unüberwindbaren Meinungsgegensätzen. Die Mehrheit der Mineros erkennt das von der Gewerkschaftsführung ausgehandelte Abkommen nicht an und setzt den Hungerstreik fort.

Die Gewerkschaftsführung tritt daraufhin zurück. Die Bergarbeiter wählen eine neue Führung.

Weitere Aussichten

Die Regierung hat parallel zu den Verhandlungen nach dem Überlebensmarsch vollendete Tatsachen geschaffen und gibt die Namen der zu schließenden Minen bekannt. Tausende von Bergleuten haben diese Minen bereits verlassen und irren buchstäblich im Land umher. Alternative Lösungen sind auf der Basis der IWF-Forderungen und des Zinnpreisverfalls nicht finanzierbar. Die Mineros werden trotz der ersten Toten im Hungerstreik und ungeachtet des moralischen Rechts auf ihrer Seite den kürzeren ziehen. »Die Zeit des Zinns ist für Bolivien zu Ende.«

Quellenhinweis

Domitila Barrios de Chungara (Umschlagrückseite und S. 7) aus: Moemer Viezzer, »Wenn man mir erlaubt zu sprechen . . .«, Zeugnis von Domitila, einer Frau aus den Minen Boliviens, Lamuv Verlag, Bornheim 1983.

Kalendarium (S. 174 ff.) aus: »Kalendarium des Machtkampfes«, Misereor-Arbeitsheft »Bolivien und Peru. Wege in die Verarmung« Copyright 1987, Misereor-Vertriebsgesellschaft mbH, Aachen.

»Die traditionelle christliche Religion . . .« (S. 71) aus: Ted Poole, in: Waltraud Wagner, Begegnung zweier Kulturen – Indianer und Weiße, Vertrieb Waltraud Wagner, Am Markt 3, 3530 Warburg.

Wir danken für die freundliche Genehmigung der Abdrucke.

Weiterführende Literatur zum Buch

Augusto Céspedes, »Teufelsmetall«, Lamuv Verlag, Bornheim 1982.

Eduardo Galeano, »Geburten«, Peter Hammer Verlag, Wuppertal 1983.

Anthony Henman, »Mama Koka«, Verlag Roter Funke, Bremen 1981.

Gregorio Iriarte, »Los Mineros«, Ediciones Puerta del Sol, La Paz 1982.

Anke Kelm, Helga Rammow, »Was geht uns ihre Armut an?«, Museumspädagogischer Dienst der Freien und Hansestadt Hamburg 1984.

Martin Lange, Reinhold Iblacker, »Christenverfolgung in Südamerika«, Herder, Freiburg 1981.

Jorge Miranda-Luizaga, »Das Sonnentor«, dianus-trikont, München 1985.

Misereor-Arbeitshefte, »Indios in den Anden« (1986), »Wege in die Verarmung« (1987), Misereor, Aachen.

Thomas Müller, Helga Müller-Herbon, »Kinder der Mitte«, Lamuv Verlag, Bornheim 1986.

»Narcotrafico y Politica«, iepala, Madrid 1982.
Hella Schlumberger, »Bolivien, schwankende Wiege der Freiheit«, Bund-Verlag, Köln 1985.
Moemer Viezzer, »Wenn man mir erlaubt zu sprechen . . .«, Zeugnis von Domitila, einer Frau aus den Minen Boliviens, Lamuv Verlag, Bornheim 1983.
Waltraud Wagner, »Begegnung zweier Kulturen – Indianer und Weiße«, Vertrieb Waltraud Wagner, Am Markt 3, 3530 Warburg.